MINYING JINGJI CUJINFA
SHIYONG ZHINAN

民营经济促进法实用指南

法规应用研究中心◎编

中国法治出版社
CHINA LEGAL PUBLISHING HOUSE

导　读

2025 年 4 月 30 日，十四届全国人大常委会第十五次会议表决通过了《中华人民共和国民营经济促进法》（以下简称《民营经济促进法》），该法自 2025 年 5 月 20 日起施行。《民营经济促进法》涵盖了以下主要内容：(1) 促进民营经济发展总体要求；(2) 保障公平竞争；(3) 改善投融资环境；(4) 支持科技创新；(5) 注重规范引导；(6) 优化服务保障；(7) 加强权益保护；(8) 强化法律责任。

为便于读者更好地学习《民营经济促进法》，本书收录了与《民营经济促进法》相关的常用法律法规，同时精选了促进民营经济发展的典型案例，为《民营经济促进法》在实践中的应用提供有益参考与指导。本书具备以下主要特点：

1. 重点突出，内容精炼。本书收录了与《民营经济促进法》紧密相关的常用法律法规，如《中华人民共和国中小企业促进法》《优化营商环境条例》《公平竞争审查条例》等。

2. 编排合理，方便检索。本书参照《民营经济促进法》进行编排，分为综合、公平竞争、投资融资促进、科技创新、规范经营、服务保障、权益保护、法律责任八部分，助力读者快速定位特定领域的规范。

3. 案例指导，实用高效。本书在章后收录了相关联的典型案例，为读者了解司法实践提供指引。

目　录

一、综　合

二、公平竞争

三、投资融资促进

四、科技创新

五、规范经营

六、服务保障

七、权益保护

八、法律责任

一　综　　合

中华人民共和国民营经济促进法

（2025年4月30日第十四届全国人民代表大会常务委员会第十五次会议通过　2025年4月30日中华人民共和国主席令第46号公布　自2025年5月20日起施行）

目　　录

第一章　总　　则

第一条　为优化民营经济发展环境，保证各类经济组织公平参与市场竞争，促进民营经济健康发展和民营经济人士健康成长，构建高水平社会主义市场经济体制，发挥民营经济在国民经济和社会发展中的重要作用，根据宪法，制定本法。

第二条 促进民营经济发展工作坚持中国共产党的领导，坚持以人民为中心，坚持中国特色社会主义制度，确保民营经济发展的正确政治方向。

国家坚持和完善公有制为主体、多种所有制经济共同发展，按劳分配为主体、多种分配方式并存，社会主义市场经济体制等社会主义基本经济制度；毫不动摇巩固和发展公有制经济，毫不动摇鼓励、支持、引导非公有制经济发展；充分发挥市场在资源配置中的决定性作用，更好发挥政府作用。

第三条 民营经济是社会主义市场经济的重要组成部分，是推进中国式现代化的生力军，是高质量发展的重要基础，是推动我国全面建成社会主义现代化强国、实现中华民族伟大复兴的重要力量。促进民营经济持续、健康、高质量发展，是国家长期坚持的重大方针政策。

国家坚持依法鼓励、支持、引导民营经济发展，更好发挥法治固根本、稳预期、利长远的保障作用。

国家坚持平等对待、公平竞争、同等保护、共同发展的原则，促进民营经济发展壮大。民营经济组织与其他各类经济组织享有平等的法律地位、市场机会和发展权利。

第四条 国务院和县级以上地方人民政府将促进民营经济发展工作纳入国民经济和社会发展规划，建立促进民营经济发展工作协调机制，制定完善政策措施，协调解决民营经济发展中的重大问题。

国务院发展改革部门负责统筹协调促进民营经济发展工作。国务院其他有关部门在各自职责范围内，负责促进民营经济发展相关工作。

县级以上地方人民政府有关部门依照法律法规和本级人民政府确定的职责分工，开展促进民营经济发展工作。

第五条 民营经济组织及其经营者应当拥护中国共产党的领导，坚持中国特色社会主义制度，积极投身社会主义现代化强国建设。

国家加强民营经济组织经营者队伍建设，加强思想政治引领，发挥其在经济社会发展中的重要作用；培育和弘扬企业家精神，引导民营经济组织经营者践行社会主义核心价值观，爱国敬业、守法经营、创业创新、回报社会，坚定做中国特色社会主义的建设者、中国式现代化的促进者。

第六条　民营经济组织及其经营者从事生产经营活动，应当遵守法律法规，遵守社会公德、商业道德，诚实守信、公平竞争，履行社会责任，保障劳动者合法权益，维护国家利益和社会公共利益，接受政府和社会监督。

第七条　工商业联合会发挥在促进民营经济健康发展和民营经济人士健康成长中的重要作用，加强民营经济组织经营者思想政治建设，引导民营经济组织依法经营，提高服务民营经济水平。

第八条　加强对民营经济组织及其经营者创新创造等先进事迹的宣传报道，支持民营经济组织及其经营者参与评选表彰，引导形成尊重劳动、尊重创造、尊重企业家的社会环境，营造全社会关心、支持、促进民营经济发展的氛围。

第九条　国家建立健全民营经济统计制度，对民营经济发展情况进行统计分析，定期发布有关信息。

第二章　公平竞争

第十条　国家实行全国统一的市场准入负面清单制度。市场准入负面清单以外的领域，包括民营经济组织在内的各类经济组织可以依法平等进入。

第十一条　各级人民政府及其有关部门落实公平竞争审查制度，制定涉及经营主体生产经营活动的政策措施应当经过公平竞争审查，并定期评估，及时清理、废除含有妨碍全国统一市场和公平竞争内容的政策措施，保障民营经济组织公平参与市场竞争。

市场监督管理部门负责受理对违反公平竞争审查制度政策措施

的举报，并依法处理。

第十二条 国家保障民营经济组织依法平等使用资金、技术、人力资源、数据、土地及其他自然资源等各类生产要素和公共服务资源，依法平等适用国家支持发展的政策。

第十三条 各级人民政府及其有关部门依照法定权限，在制定、实施政府资金安排、土地供应、排污指标、公共数据开放、资质许可、标准制定、项目申报、职称评定、评优评先、人力资源等方面的政策措施时，平等对待民营经济组织。

第十四条 公共资源交易活动应当公开透明、公平公正，依法平等对待包括民营经济组织在内的各类经济组织。

除法律另有规定外，招标投标、政府采购等公共资源交易不得有限制或者排斥民营经济组织的行为。

第十五条 反垄断和反不正当竞争执法机构按照职责权限，预防和制止市场经济活动中的垄断、不正当竞争行为，对滥用行政权力排除、限制竞争的行为依法处理，为民营经济组织提供良好的市场环境。

第三章 投资融资促进

第十六条 支持民营经济组织参与国家重大战略和重大工程。支持民营经济组织在战略性新兴产业、未来产业等领域投资和创业，鼓励开展传统产业技术改造和转型升级，参与现代化基础设施投资建设。

第十七条 国务院有关部门根据国家重大发展战略、发展规划、产业政策等，统筹研究制定促进民营经济投资政策措施，发布鼓励民营经济投资重大项目信息，引导民营经济投资重点领域。

民营经济组织投资建设符合国家战略方向的固定资产投资项目，依法享受国家支持政策。

第十八条 支持民营经济组织通过多种方式盘活存量资产，提高再投资能力，提升资产质量和效益。

各级人民政府及其有关部门支持民营经济组织参与政府和社会资本合作项目。政府和社会资本合作项目应当合理设置双方权利义务，明确投资收益获得方式、风险分担机制、纠纷解决方式等事项。

第十九条　各级人民政府及其有关部门在项目推介对接、前期工作和报建审批事项办理、要素获取和政府投资支持等方面，为民营经济组织投资提供规范高效便利的服务。

第二十条　国务院有关部门依据职责发挥货币政策工具和宏观信贷政策的激励约束作用，按照市场化、法治化原则，对金融机构向小型微型民营经济组织提供金融服务实施差异化政策，督促引导金融机构合理设置不良贷款容忍度、建立健全尽职免责机制、提升专业服务能力，提高为民营经济组织提供金融服务的水平。

第二十一条　银行业金融机构等依据法律法规，接受符合贷款业务需要的担保方式，并为民营经济组织提供应收账款、仓单、股权、知识产权等权利质押贷款。

各级人民政府及其有关部门应当为动产和权利质押登记、估值、交易流通、信息共享等提供支持和便利。

第二十二条　国家推动构建完善民营经济组织融资风险的市场化分担机制，支持银行业金融机构与融资担保机构有序扩大业务合作，共同服务民营经济组织。

第二十三条　金融机构在依法合规前提下，按照市场化、可持续发展原则开发和提供适合民营经济特点的金融产品和服务，为资信良好的民营经济组织融资提供便利条件，增强信贷供给、贷款周期与民营经济组织融资需求、资金使用周期的适配性，提升金融服务可获得性和便利度。

第二十四条　金融机构在授信、信贷管理、风控管理、服务收费等方面应当平等对待民营经济组织。

金融机构违反与民营经济组织借款人的约定，单方面增加发放贷款条件、中止发放贷款或者提前收回贷款的，依法承担违约责任。

第二十五条 健全多层次资本市场体系，支持符合条件的民营经济组织通过发行股票、债券等方式平等获得直接融资。

第二十六条 建立健全信用信息归集共享机制，支持征信机构为民营经济组织融资提供征信服务，支持信用评级机构优化民营经济组织的评级方法，增加信用评级有效供给，为民营经济组织获得融资提供便利。

第四章 科技创新

第二十七条 国家鼓励、支持民营经济组织在推动科技创新、培育新质生产力、建设现代化产业体系中积极发挥作用。引导民营经济组织根据国家战略需要、行业发展趋势和世界科技前沿，加强基础性、前沿性研究，开发关键核心技术、共性基础技术和前沿交叉技术，推动科技创新和产业创新融合发展，催生新产业、新模式、新动能。

引导非营利性基金依法资助民营经济组织开展基础研究、前沿技术研究和社会公益性技术研究。

第二十八条 支持民营经济组织参与国家科技攻关项目，支持有能力的民营经济组织牵头承担国家重大技术攻关任务，向民营经济组织开放国家重大科研基础设施，支持公共研究开发平台、共性技术平台开放共享，为民营经济组织技术创新平等提供服务，鼓励各类企业和高等学校、科研院所、职业学校与民营经济组织创新合作机制，开展技术交流和成果转移转化，推动产学研深度融合。

第二十九条 支持民营经济组织依法参与数字化、智能化共性技术研发和数据要素市场建设，依法合理使用数据，对开放的公共数据资源依法进行开发利用，增强数据要素共享性、普惠性、安全性，充分发挥数据赋能作用。

第三十条 国家保障民营经济组织依法参与标准制定工作，强化标准制定的信息公开和社会监督。

国家为民营经济组织提供科研基础设施、技术验证、标准规范、质量认证、检验检测、知识产权、示范应用等方面的服务和便利。

第三十一条　支持民营经济组织加强新技术应用，开展新技术、新产品、新服务、新模式应用试验，发挥技术市场、中介服务机构作用，通过多种方式推动科技成果应用推广。

鼓励民营经济组织在投资过程中基于商业规则自愿开展技术合作。技术合作的条件由投资各方遵循公平原则协商确定。

第三十二条　鼓励民营经济组织积极培养使用知识型、技能型、创新型人才，在关键岗位、关键工序培养使用高技能人才，推动产业工人队伍建设。

第三十三条　国家加强对民营经济组织及其经营者原始创新的保护。加大创新成果知识产权保护力度，实施知识产权侵权惩罚性赔偿制度，依法查处侵犯商标专用权、专利权、著作权和侵犯商业秘密、仿冒混淆等违法行为。

加强知识产权保护的区域、部门协作，为民营经济组织提供知识产权快速协同保护、多元纠纷解决、维权援助以及海外知识产权纠纷应对指导和风险预警等服务。

第五章　规范经营

第三十四条　民营经济组织中的中国共产党的组织和党员，按照中国共产党章程和有关党内法规开展党的活动，在促进民营经济组织健康发展中发挥党组织的政治引领作用和党员先锋模范作用。

第三十五条　民营经济组织应当围绕国家工作大局，在发展经济、扩大就业、改善民生、科技创新等方面积极发挥作用，为满足人民日益增长的美好生活需要贡献力量。

第三十六条　民营经济组织从事生产经营活动应当遵守劳动用工、安全生产、职业卫生、社会保障、生态环境、质量标准、知识产权、网络和数据安全、财政税收、金融等方面的法律法规；不得通过贿赂和欺诈等手段牟取不正当利益，不得妨害市场和金融秩序、破坏生态环境、损害劳动者合法权益和社会公共利益。

国家机关依法对民营经济组织生产经营活动实施监督管理。

第三十七条 支持民营资本服务经济社会发展，完善资本行为制度规则，依法规范和引导民营资本健康发展，维护社会主义市场经济秩序和社会公共利益。支持民营经济组织加强风险防范管理，鼓励民营经济组织做优主业、做强实业，提升核心竞争力。

第三十八条 民营经济组织应当完善治理结构和管理制度、规范经营者行为、强化内部监督，实现规范治理；依法建立健全以职工代表大会为基本形式的民主管理制度。鼓励有条件的民营经济组织建立完善中国特色现代企业制度。

民营经济组织中的工会等群团组织依照法律和章程开展活动，加强职工思想政治引领，维护职工合法权益，发挥在企业民主管理中的作用，推动完善企业工资集体协商制度，促进构建和谐劳动关系。

民营经济组织的组织形式、组织机构及其活动准则，适用《中华人民共和国公司法》、《中华人民共和国合伙企业法》、《中华人民共和国个人独资企业法》等法律的规定。

第三十九条 国家推动构建民营经济组织源头防范和治理腐败的体制机制，支持引导民营经济组织建立健全内部审计制度，加强廉洁风险防控，推动民营经济组织提升依法合规经营管理水平，及时预防、发现、治理经营中违法违规等问题。

民营经济组织应当加强对工作人员的法治教育，营造诚信廉洁、守法合规的文化氛围。

第四十条 民营经济组织应当依照法律、行政法规和国家统一的会计制度，加强财务管理，规范会计核算，防止财务造假，并区分民营经济组织生产经营收支与民营经济组织经营者个人收支，实现民营经济组织财产与民营经济组织经营者个人财产分离。

第四十一条　支持民营经济组织通过加强技能培训、扩大吸纳就业、完善工资分配制度等，促进员工共享发展成果。

第四十二条　探索建立民营经济组织的社会责任评价体系和激励机制，鼓励、引导民营经济组织积极履行社会责任，自愿参与公益慈善事业、应急救灾等活动。

第四十三条　民营经济组织及其经营者在海外投资经营应当遵守所在国家或者地区的法律，尊重当地习俗和文化传统，维护国家形象，不得从事损害国家安全和国家利益的活动。

第六章　服务保障

第四十四条　国家机关及其工作人员在促进民营经济发展工作中，应当依法履职尽责。国家机关工作人员与民营经济组织经营者在工作交往中，应当遵纪守法，保持清正廉洁。

各级人民政府及其有关部门建立畅通有效的政企沟通机制，及时听取包括民营经济组织在内各类经济组织的意见建议，解决其反映的合理问题。

第四十五条　国家机关制定与经营主体生产经营活动密切相关的法律、法规、规章和其他规范性文件，最高人民法院、最高人民检察院作出属于审判、检察工作中具体应用法律的相关解释，或者作出有关重大决策，应当注重听取包括民营经济组织在内各类经济组织、行业协会商会的意见建议；在实施前应当根据实际情况留出必要的适应调整期。

根据《中华人民共和国立法法》的规定，与经营主体生产经营活动密切相关的法律、法规、规章和其他规范性文件，属于审判、检察工作中具体应用法律的解释，不溯及既往，但为了更好地保护公民、法人和其他组织的权利和利益而作的特别规定除外。

第四十六条　各级人民政府及其有关部门应当及时向社会公开涉及经营主体的优惠政策适用范围、标准、条件和申请程序等，为民营经济组织申请享受有关优惠政策提供便利。

第四十七条 各级人民政府及其有关部门制定鼓励民营经济组织创业的政策，提供公共服务，鼓励创业带动就业。

第四十八条 登记机关应当为包括民营经济组织在内的各类经济组织提供依法合规、规范统一、公开透明、便捷高效的设立、变更、注销等登记服务，降低市场进入和退出成本。

个体工商户可以自愿依法转型为企业。登记机关、税务机关和有关部门为个体工商户转型为企业提供指引和便利。

第四十九条 鼓励、支持高等学校、科研院所、职业学校、公共实训基地和各类职业技能培训机构创新人才培养模式，加强职业教育和培训，培养符合民营经济高质量发展需求的专业人才和产业工人。

人力资源和社会保障部门建立健全人力资源服务机制，搭建用工和求职信息对接平台，为民营经济组织招工用工提供便利。

各级人民政府及其有关部门完善人才激励和服务保障政策措施，畅通民营经济组织职称评审渠道，为民营经济组织引进、培养高层次及紧缺人才提供支持。

第五十条 行政机关坚持依法行政。行政机关开展执法活动应当避免或者尽量减少对民营经济组织正常生产经营活动的影响，并对其合理、合法诉求及时响应、处置。

第五十一条 对民营经济组织及其经营者违法行为的行政处罚应当按照与其他经济组织及其经营者同等原则实施。对违法行为依法需要实施行政处罚或者采取其他措施的，应当与违法行为的事实、性质、情节以及社会危害程度相当。违法行为具有《中华人民共和国行政处罚法》规定的从轻、减轻或者不予处罚情形的，依照其规定从轻、减轻或者不予处罚。

第五十二条 各级人民政府及其有关部门推动监管信息共享互认，根据民营经济组织的信用状况实施分级分类监管，提升监管效能。

除直接涉及公共安全和人民群众生命健康等特殊行业、重点领域依法依规实行全覆盖的重点监管外，市场监管领域相关部门的行政检查应当通过随机抽取检查对象、随机选派执法检查人员的方式进行，抽查事项及查处结果及时向社会公开。针对同一检查对象的多个检查事项，应当尽可能合并或者纳入跨部门联合检查范围。

第五十三条　各级人民政府及其有关部门建立健全行政执法违法行为投诉举报处理机制，及时受理并依法处理投诉举报，保护民营经济组织及其经营者合法权益。

司法行政部门建立涉企行政执法诉求沟通机制，组织开展行政执法检查，加强对行政执法活动的监督，及时纠正不当行政执法行为。

第五十四条　健全失信惩戒和信用修复制度。实施失信惩戒，应当依照法律、法规和有关规定，并根据失信行为的事实、性质、轻重程度等采取适度的惩戒措施。

民营经济组织及其经营者纠正失信行为、消除不良影响、符合信用修复条件的，可以提出信用修复申请。有关国家机关应当依法及时解除惩戒措施，移除或者终止失信信息公示，并在相关公共信用信息平台实现协同修复。

第五十五条　建立健全矛盾纠纷多元化解机制，为民营经济组织维护合法权益提供便利。

司法行政部门组织协调律师、公证、司法鉴定、基层法律服务、人民调解、商事调解、仲裁等相关机构和法律咨询专家，参与涉及民营经济组织纠纷的化解，为民营经济组织提供有针对性的法律服务。

第五十六条　有关行业协会商会依照法律、法规和章程，发挥协调和自律作用，及时反映行业诉求，为民营经济组织及其经营者提供信息咨询、宣传培训、市场拓展、权益保护、纠纷处理等方面的服务。

第五十七条 国家坚持高水平对外开放，加快构建以国内大循环为主体、国内国际双循环相互促进的新发展格局；支持、引导民营经济组织拓展国际交流合作，在海外依法合规开展投资经营等活动；加强法律、金融、物流等海外综合服务，完善海外利益保障机制，维护民营经济组织及其经营者海外合法权益。

第七章 权益保护

第五十八条 民营经济组织及其经营者的人身权利、财产权利以及经营自主权等合法权益受法律保护，任何单位和个人不得侵犯。

第五十九条 民营经济组织的名称权、名誉权、荣誉权和民营经济组织经营者的名誉权、荣誉权、隐私权、个人信息等人格权益受法律保护。

任何单位和个人不得利用互联网等传播渠道，以侮辱、诽谤等方式恶意侵害民营经济组织及其经营者的人格权益。网络服务提供者应当依照有关法律法规规定，加强网络信息内容管理，建立健全投诉、举报机制，及时处置恶意侵害当事人合法权益的违法信息，并向有关主管部门报告。

人格权益受到恶意侵害的民营经济组织及其经营者有权依法向人民法院申请采取责令行为人停止有关行为的措施。民营经济组织及其经营者的人格权益受到恶意侵害致使民营经济组织生产经营、投资融资等活动遭受实际损失的，侵权人依法承担赔偿责任。

第六十条 国家机关及其工作人员依法开展调查或者要求协助调查，应当避免或者尽量减少对正常生产经营活动产生影响。实施限制人身自由的强制措施，应当严格依照法定权限、条件和程序进行。

第六十一条 征收、征用财产，应当严格依照法定权限、条件和程序进行。

为了公共利益的需要，依照法律规定征收、征用财产的，应当给予公平、合理的补偿。

任何单位不得违反法律、法规向民营经济组织收取费用，不得实施没有法律、法规依据的罚款，不得向民营经济组织摊派财物。

第六十二条　查封、扣押、冻结涉案财物，应当遵守法定权限、条件和程序，严格区分违法所得、其他涉案财物与合法财产，民营经济组织财产与民营经济组织经营者个人财产，涉案人财产与案外人财产，不得超权限、超范围、超数额、超时限查封、扣押、冻结财物。对查封、扣押的涉案财物，应当妥善保管。

第六十三条　办理案件应当严格区分经济纠纷与经济犯罪，遵守法律关于追诉期限的规定；生产经营活动未违反刑法规定的，不以犯罪论处；事实不清、证据不足或者依法不追究刑事责任的，应当依法撤销案件、不起诉、终止审理或者宣告无罪。

禁止利用行政或者刑事手段违法干预经济纠纷。

第六十四条　规范异地执法行为，建立健全异地执法协助制度。办理案件需要异地执法的，应当遵守法定权限、条件和程序。国家机关之间对案件管辖有争议的，可以进行协商，协商不成的，提请共同的上级机关决定，法律另有规定的从其规定。

禁止为经济利益等目的滥用职权实施异地执法。

第六十五条　民营经济组织及其经营者对生产经营活动是否违法，以及国家机关实施的强制措施存在异议的，可以依法向有关机关反映情况、申诉，依法申请行政复议、提起诉讼。

第六十六条　检察机关依法对涉及民营经济组织及其经营者的诉讼活动实施法律监督，及时受理并审查有关申诉、控告。发现存在违法情形的，应当依法提出抗诉、纠正意见、检察建议。

第六十七条　国家机关、事业单位、国有企业应当依法或者依合同约定及时向民营经济组织支付账款，不得以人员变更、履行内部付款流程或者在合同未作约定情况下以等待竣工验收批复、决算审计等为由，拒绝或者拖延支付民营经济组织账款；除法律、行政法规另有规定外，不得强制要求以审计结果作为结算依据。

审计机关依法对国家机关、事业单位和国有企业支付民营经济组织账款情况进行审计监督。

第六十八条 大型企业向中小民营经济组织采购货物、工程、服务等，应当合理约定付款期限并及时支付账款，不得以收到第三方付款作为向中小民营经济组织支付账款的条件。

人民法院对拖欠中小民营经济组织账款案件依法及时立案、审理、执行，可以根据自愿和合法的原则进行调解，保障中小民营经济组织合法权益。

第六十九条 县级以上地方人民政府应当加强账款支付保障工作，预防和清理拖欠民营经济组织账款；强化预算管理，政府采购项目应当严格按照批准的预算执行；加强对拖欠账款处置工作的统筹指导，对有争议的鼓励各方协商解决，对存在重大分歧的组织协商、调解。协商、调解应当发挥工商业联合会、律师协会等组织的作用。

第七十条 地方各级人民政府及其有关部门应当履行依法向民营经济组织作出的政策承诺和与民营经济组织订立的合同，不得以行政区划调整、政府换届、机构或者职能调整以及相关人员更替等为由违约、毁约。

因国家利益、社会公共利益需要改变政策承诺、合同约定的，应当依照法定权限和程序进行，并对民营经济组织因此受到的损失予以补偿。

第八章 法律责任

第七十一条 违反本法规定，有下列情形之一的，由有权机关责令改正，造成不良后果或者影响的，对负有责任的领导人员和直接责任人员依法给予处分：

（一）未经公平竞争审查或者未通过公平竞争审查出台政策措施；

（二）在招标投标、政府采购等公共资源交易中限制或者排斥民营经济组织。

第七十二条　违反法律规定实施征收、征用或者查封、扣押、冻结等措施的，由有权机关责令改正，造成损失的，依法予以赔偿；造成不良后果或者影响的，对负有责任的领导人员和直接责任人员依法给予处分。

违反法律规定实施异地执法的，由有权机关责令改正，造成不良后果或者影响的，对负有责任的领导人员和直接责任人员依法给予处分。

第七十三条　国家机关、事业单位、国有企业违反法律、行政法规规定或者合同约定，拒绝或者拖延支付民营经济组织账款，地方各级人民政府及其有关部门不履行向民营经济组织依法作出的政策承诺、依法订立的合同的，由有权机关予以纠正，造成损失的，依法予以赔偿；造成不良后果或者影响的，对负有责任的领导人员和直接责任人员依法给予处分。

大型企业违反法律、行政法规规定或者合同约定，拒绝或者拖延支付中小民营经济组织账款的，依法承担法律责任。

第七十四条　违反本法规定，侵害民营经济组织及其经营者合法权益，其他法律、法规规定行政处罚的，从其规定；造成人身损害或者财产损失的，依法承担民事责任；构成犯罪的，依法追究刑事责任。

第七十五条　民营经济组织及其经营者生产经营活动违反法律、法规规定，由有权机关责令改正，依法予以行政处罚；造成人身损害或者财产损失的，依法承担民事责任；构成犯罪的，依法追究刑事责任。

第七十六条　民营经济组织及其经营者采取欺诈等不正当手段骗取表彰荣誉、优惠政策等的，应当撤销已获表彰荣誉、取消享受的政策待遇，依法予以处罚；构成犯罪的，依法追究刑事责任。

第九章　附　　则

第七十七条　本法所称民营经济组织，是指在中华人民共和国境内依法设立的由中国公民控股或者实际控制的营利法人、非法人组织和个体工商户，以及前述组织控股或者实际控制的营利法人、非法人组织。

民营经济组织涉及外商投资的，同时适用外商投资法律法规的相关规定。

第七十八条　本法自2025年5月20日起施行。

中华人民共和国中小企业促进法

（2002年6月29日第九届全国人民代表大会常务委员会第二十八次会议通过　2017年9月1日第十二届全国人民代表大会常务委员会第二十九次会议修订　2017年9月1日中华人民共和国主席令第74号公布　自2018年1月1日起施行）

目　　录

第一章　总　　则

第一条　为了改善中小企业经营环境，保障中小企业公平参与市场竞争，维护中小企业合法权益，支持中小企业创业创新，促进中小企业健康发展，扩大城乡就业，发挥中小企业在国民经济和社会发展中的重要作用，制定本法。

第二条　本法所称中小企业，是指在中华人民共和国境内依法设立的，人员规模、经营规模相对较小的企业，包括中型企业、小型企业和微型企业。

中型企业、小型企业和微型企业划分标准由国务院负责中小企业促进工作综合管理的部门会同国务院有关部门，根据企业从业人员、营业收入、资产总额等指标，结合行业特点制定，报国务院批准。

第三条　国家将促进中小企业发展作为长期发展战略，坚持各类企业权利平等、机会平等、规则平等，对中小企业特别是其中的小型微型企业实行积极扶持、加强引导、完善服务、依法规范、保障权益的方针，为中小企业创立和发展创造有利的环境。

第四条　中小企业应当依法经营，遵守国家劳动用工、安全生产、职业卫生、社会保障、资源环境、质量标准、知识产权、财政税收等方面的法律、法规，遵循诚信原则，规范内部管理，提高经营管理水平；不得损害劳动者合法权益，不得损害社会公共利益。

第五条　国务院制定促进中小企业发展政策，建立中小企业促进工作协调机制，统筹全国中小企业促进工作。

国务院负责中小企业促进工作综合管理的部门组织实施促进中小企业发展政策，对中小企业促进工作进行宏观指导、综合协调和监督检查。

国务院有关部门根据国家促进中小企业发展政策，在各自职责范围内负责中小企业促进工作。

县级以上地方各级人民政府根据实际情况建立中小企业促进工作协调机制，明确相应的负责中小企业促进工作综合管理的部门，负责本行政区域内的中小企业促进工作。

第六条 国家建立中小企业统计监测制度。统计部门应当加强对中小企业的统计调查和监测分析，定期发布有关信息。

第七条 国家推进中小企业信用制度建设，建立社会化的信用信息征集与评价体系，实现中小企业信用信息查询、交流和共享的社会化。

第二章 财税支持

第八条 中央财政应当在本级预算中设立中小企业科目，安排中小企业发展专项资金。

县级以上地方各级人民政府应当根据实际情况，在本级财政预算中安排中小企业发展专项资金。

第九条 中小企业发展专项资金通过资助、购买服务、奖励等方式，重点用于支持中小企业公共服务体系和融资服务体系建设。

中小企业发展专项资金向小型微型企业倾斜，资金管理使用坚持公开、透明的原则，实行预算绩效管理。

第十条 国家设立中小企业发展基金。国家中小企业发展基金应当遵循政策性导向和市场化运作原则，主要用于引导和带动社会资金支持初创期中小企业，促进创业创新。

县级以上地方各级人民政府可以设立中小企业发展基金。

中小企业发展基金的设立和使用管理办法由国务院规定。

第十一条 国家实行有利于小型微型企业发展的税收政策，对符合条件的小型微型企业按照规定实行缓征、减征、免征企业所得税、增值税等措施，简化税收征管程序，减轻小型微型企业税收负担。

第十二条　国家对小型微型企业行政事业性收费实行减免等优惠政策，减轻小型微型企业负担。

第三章　融资促进

第十三条　金融机构应当发挥服务实体经济的功能，高效、公平地服务中小企业。

第十四条　中国人民银行应当综合运用货币政策工具，鼓励和引导金融机构加大对小型微型企业的信贷支持，改善小型微型企业融资环境。

第十五条　国务院银行业监督管理机构对金融机构开展小型微型企业金融服务应当制定差异化监管政策，采取合理提高小型微型企业不良贷款容忍度等措施，引导金融机构增加小型微型企业融资规模和比重，提高金融服务水平。

第十六条　国家鼓励各类金融机构开发和提供适合中小企业特点的金融产品和服务。

国家政策性金融机构应当在其业务经营范围内，采取多种形式，为中小企业提供金融服务。

第十七条　国家推进和支持普惠金融体系建设，推动中小银行、非存款类放贷机构和互联网金融有序健康发展，引导银行业金融机构向县域和乡镇等小型微型企业金融服务薄弱地区延伸网点和业务。

国有大型商业银行应当设立普惠金融机构，为小型微型企业提供金融服务。国家推动其他银行业金融机构设立小型微型企业金融服务专营机构。

地区性中小银行应当积极为其所在地的小型微型企业提供金融服务，促进实体经济发展。

第十八条　国家健全多层次资本市场体系，多渠道推动股权融资，发展并规范债券市场，促进中小企业利用多种方式直接融资。

第十九条 国家完善担保融资制度，支持金融机构为中小企业提供以应收账款、知识产权、存货、机器设备等为担保品的担保融资。

第二十条 中小企业以应收账款申请担保融资时，其应收账款的付款方，应当及时确认债权债务关系，支持中小企业融资。

国家鼓励中小企业及付款方通过应收账款融资服务平台确认债权债务关系，提高融资效率，降低融资成本。

第二十一条 县级以上人民政府应当建立中小企业政策性信用担保体系，鼓励各类担保机构为中小企业融资提供信用担保。

第二十二条 国家推动保险机构开展中小企业贷款保证保险和信用保险业务，开发适应中小企业分散风险、补偿损失需求的保险产品。

第二十三条 国家支持征信机构发展针对中小企业融资的征信产品和服务，依法向政府有关部门、公用事业单位和商业机构采集信息。

国家鼓励第三方评级机构开展中小企业评级服务。

第四章 创业扶持

第二十四条 县级以上人民政府及其有关部门应当通过政府网站、宣传资料等形式，为创业人员免费提供工商、财税、金融、环境保护、安全生产、劳动用工、社会保障等方面的法律政策咨询和公共信息服务。

第二十五条 高等学校毕业生、退役军人和失业人员、残疾人员等创办小型微型企业，按照国家规定享受税收优惠和收费减免。

第二十六条 国家采取措施支持社会资金参与投资中小企业。创业投资企业和个人投资者投资初创期科技创新企业的，按照国家规定享受税收优惠。

第二十七条　国家改善企业创业环境，优化审批流程，实现中小企业行政许可便捷，降低中小企业设立成本。

第二十八条　国家鼓励建设和创办小型微型企业创业基地、孵化基地，为小型微型企业提供生产经营场地和服务。

第二十九条　地方各级人民政府应当根据中小企业发展的需要，在城乡规划中安排必要的用地和设施，为中小企业获得生产经营场所提供便利。

国家支持利用闲置的商业用房、工业厂房、企业库房和物流设施等，为创业者提供低成本生产经营场所。

第三十条　国家鼓励互联网平台向中小企业开放技术、开发、营销、推广等资源，加强资源共享与合作，为中小企业创业提供服务。

第三十一条　国家简化中小企业注销登记程序，实现中小企业市场退出便利化。

第五章　创新支持

第三十二条　国家鼓励中小企业按照市场需求，推进技术、产品、管理模式、商业模式等创新。

中小企业的固定资产由于技术进步等原因，确需加速折旧的，可以依法缩短折旧年限或者采取加速折旧方法。

国家完善中小企业研究开发费用加计扣除政策，支持中小企业技术创新。

第三十三条　国家支持中小企业在研发设计、生产制造、运营管理等环节应用互联网、云计算、大数据、人工智能等现代技术手段，创新生产方式，提高生产经营效率。

第三十四条　国家鼓励中小企业参与产业关键共性技术研究开发和利用财政资金设立的科研项目实施。

国家推动军民融合深度发展，支持中小企业参与国防科研和生产活动。

国家支持中小企业及中小企业的有关行业组织参与标准的制定。

第三十五条 国家鼓励中小企业研究开发拥有自主知识产权的技术和产品，规范内部知识产权管理，提升保护和运用知识产权的能力；鼓励中小企业投保知识产权保险；减轻中小企业申请和维持知识产权的费用等负担。

第三十六条 县级以上人民政府有关部门应当在规划、用地、财政等方面提供支持，推动建立和发展各类创新服务机构。

国家鼓励各类创新服务机构为中小企业提供技术信息、研发设计与应用、质量标准、实验试验、检验检测、技术转让、技术培训等服务，促进科技成果转化，推动企业技术、产品升级。

第三十七条 县级以上人民政府有关部门应当拓宽渠道，采取补贴、培训等措施，引导高等学校毕业生到中小企业就业，帮助中小企业引进创新人才。

国家鼓励科研机构、高等学校和大型企业等创造条件向中小企业开放试验设施，开展技术研发与合作，帮助中小企业开发新产品，培养专业人才。

国家鼓励科研机构、高等学校支持本单位的科技人员以兼职、挂职、参与项目合作等形式到中小企业从事产学研合作和科技成果转化活动，并按照国家有关规定取得相应报酬。

第六章 市场开拓

第三十八条 国家完善市场体系，实行统一的市场准入和市场监管制度，反对垄断和不正当竞争，营造中小企业公平参与竞争的市场环境。

第三十九条 国家支持大型企业与中小企业建立以市场配置资源为基础的、稳定的原材料供应、生产、销售、服务外包、技术开发和技术改造等方面的协作关系，带动和促进中小企业发展。

第四十条　国务院有关部门应当制定中小企业政府采购的相关优惠政策，通过制定采购需求标准、预留采购份额、价格评审优惠、优先采购等措施，提高中小企业在政府采购中的份额。

向中小企业预留的采购份额应当占本部门年度政府采购项目预算总额的百分之三十以上；其中，预留给小型微型企业的比例不低于百分之六十。中小企业无法提供的商品和服务除外。

政府采购不得在企业股权结构、经营年限、经营规模和财务指标等方面对中小企业实行差别待遇或者歧视待遇。

政府采购部门应当在政府采购监督管理部门指定的媒体上及时向社会公开发布采购信息，为中小企业获得政府采购合同提供指导和服务。

第四十一条　县级以上人民政府有关部门应当在法律咨询、知识产权保护、技术性贸易措施、产品认证等方面为中小企业产品和服务出口提供指导和帮助，推动对外经济技术合作与交流。

国家有关政策性金融机构应当通过开展进出口信贷、出口信用保险等业务，支持中小企业开拓境外市场。

第四十二条　县级以上人民政府有关部门应当为中小企业提供用汇、人员出入境等方面的便利，支持中小企业到境外投资，开拓国际市场。

第七章　服务措施

第四十三条　国家建立健全社会化的中小企业公共服务体系，为中小企业提供服务。

第四十四条　县级以上地方各级人民政府应当根据实际需要建立和完善中小企业公共服务机构，为中小企业提供公益性服务。

第四十五条　县级以上人民政府负责中小企业促进工作综合管理的部门应当建立跨部门的政策信息互联网发布平台，及时汇集涉及中小企业的法律法规、创业、创新、金融、市场、权益保护等各类政府服务信息，为中小企业提供便捷无偿服务。

第四十六条 国家鼓励各类服务机构为中小企业提供创业培训与辅导、知识产权保护、管理咨询、信息咨询、信用服务、市场营销、项目开发、投资融资、财会税务、产权交易、技术支持、人才引进、对外合作、展览展销、法律咨询等服务。

第四十七条 县级以上人民政府负责中小企业促进工作综合管理的部门应当安排资金，有计划地组织实施中小企业经营管理人员培训。

第四十八条 国家支持有关机构、高等学校开展针对中小企业经营管理及生产技术等方面的人员培训，提高企业营销、管理和技术水平。

国家支持高等学校、职业教育院校和各类职业技能培训机构与中小企业合作共建实习实践基地，支持职业教育院校教师和中小企业技术人才双向交流，创新中小企业人才培养模式。

第四十九条 中小企业的有关行业组织应当依法维护会员的合法权益，反映会员诉求，加强自律管理，为中小企业创业创新、开拓市场等提供服务。

第八章 权益保护

第五十条 国家保护中小企业及其出资人的财产权和其他合法权益。任何单位和个人不得侵犯中小企业财产及其合法收益。

第五十一条 县级以上人民政府负责中小企业促进工作综合管理的部门应当建立专门渠道，听取中小企业对政府相关管理工作的意见和建议，并及时向有关部门反馈，督促改进。

县级以上地方各级人民政府有关部门和有关行业组织应当公布联系方式，受理中小企业的投诉、举报，并在规定的时间内予以调查、处理。

第五十二条 地方各级人民政府应当依法实施行政许可，依法开展管理工作，不得实施没有法律、法规依据的检查，不得强制或者变相强制中小企业参加考核、评比、表彰、培训等活动。

第五十三条　国家机关、事业单位和大型企业不得违约拖欠中小企业的货物、工程、服务款项。

中小企业有权要求拖欠方支付拖欠款并要求对拖欠造成的损失进行赔偿。

第五十四条　任何单位不得违反法律、法规向中小企业收取费用，不得实施没有法律、法规依据的罚款，不得向中小企业摊派财物。中小企业对违反上述规定的行为有权拒绝和举报、控告。

第五十五条　国家建立和实施涉企行政事业性收费目录清单制度，收费目录清单及其实施情况向社会公开，接受社会监督。

任何单位不得对中小企业执行目录清单之外的行政事业性收费，不得对中小企业擅自提高收费标准、扩大收费范围；严禁以各种方式强制中小企业赞助捐赠、订购报刊、加入社团、接受指定服务；严禁行业组织依靠代行政府职能或者利用行政资源擅自设立收费项目、提高收费标准。

第五十六条　县级以上地方各级人民政府有关部门对中小企业实施监督检查应当依法进行，建立随机抽查机制。同一部门对中小企业实施的多项监督检查能够合并进行的，应当合并进行；不同部门对中小企业实施的多项监督检查能够合并完成的，由本级人民政府组织有关部门实施合并或者联合检查。

第九章　监督检查

第五十七条　县级以上人民政府定期组织对中小企业促进工作情况的监督检查；对违反本法的行为及时予以纠正，并对直接负责的主管人员和其他直接责任人员依法给予处分。

第五十八条　国务院负责中小企业促进工作综合管理的部门应当委托第三方机构定期开展中小企业发展环境评估，并向社会公布。

地方各级人民政府可以根据实际情况委托第三方机构开展中小企业发展环境评估。

第五十九条 县级以上人民政府应当定期组织开展对中小企业发展专项资金、中小企业发展基金使用效果的企业评价、社会评价和资金使用动态评估，并将评价和评估情况及时向社会公布，接受社会监督。

县级以上人民政府有关部门在各自职责范围内，对中小企业发展专项资金、中小企业发展基金的管理和使用情况进行监督，对截留、挤占、挪用、侵占、贪污中小企业发展专项资金、中小企业发展基金等行为依法进行查处，并对直接负责的主管人员和其他直接责任人员依法给予处分；构成犯罪的，依法追究刑事责任。

第六十条 县级以上地方各级人民政府有关部门在各自职责范围内，对强制或者变相强制中小企业参加考核、评比、表彰、培训等活动的行为，违法向中小企业收费、罚款、摊派财物的行为，以及其他侵犯中小企业合法权益的行为进行查处，并对直接负责的主管人员和其他直接责任人员依法给予处分。

第十章 附 则

第六十一条 本法自 2018 年 1 月 1 日起施行。

中华人民共和国公司法（节录）

（1993年12月29日第八届全国人民代表大会常务委员会第五次会议通过　根据1999年12月25日第九届全国人民代表大会常务委员会第十三次会议《关于修改〈中华人民共和国公司法〉的决定》第一次修正　根据2004年8月28日第十届全国人民代表大会常务委员会第十一次会议《关于修改〈中华人民共和国公司法〉的决定》第二次修正　2005年10月27日第十届全国人民代表大会常务委员会第十八次会议第一次修订　根据2013年12月28日第十二届全国人民代表大会常务委员会第六次会议《关于修改〈中华人民共和国海洋环境保护法〉等七部法律的决定》第三次修正　根据2018年10月26日第十三届全国人民代表大会常务委员会第六次会议《关于修改〈中华人民共和国公司法〉的决定》第四次修正　2023年12月29日第十四届全国人民代表大会常务委员会第七次会议第二次修订　2023年12月29日中华人民共和国主席令第15号公布　自2024年7月1日起施行）

……

第一章　总　　则

第一条　【立法目的】*　为了规范公司的组织和行为，保护公司、股东、职工和债权人的合法权益，完善中国特色现代企业制度，

* 条文主旨为编者所加，下同。

弘扬企业家精神，维护社会经济秩序，促进社会主义市场经济的发展，根据宪法，制定本法。

第二条　【调整范围】本法所称公司，是指依照本法在中华人民共和国境内设立的有限责任公司和股份有限公司。

第三条　【公司的法律地位】公司是企业法人，有独立的法人财产，享有法人财产权。公司以其全部财产对公司的债务承担责任。

公司的合法权益受法律保护，不受侵犯。

第四条　【股东有限责任和基本权利】有限责任公司的股东以其认缴的出资额为限对公司承担责任；股份有限公司的股东以其认购的股份为限对公司承担责任。

公司股东对公司依法享有资产收益、参与重大决策和选择管理者等权利。

第五条　【公司章程】设立公司应当依法制定公司章程。公司章程对公司、股东、董事、监事、高级管理人员具有约束力。

第六条　【公司名称】公司应当有自己的名称。公司名称应当符合国家有关规定。

公司的名称权受法律保护。

第七条　【公司名称中的公司类型】依照本法设立的有限责任公司，应当在公司名称中标明有限责任公司或者有限公司字样。

依照本法设立的股份有限公司，应当在公司名称中标明股份有限公司或者股份公司字样。

第八条　【公司住所】公司以其主要办事机构所在地为住所。

第九条　【经营范围】公司的经营范围由公司章程规定。公司可以修改公司章程，变更经营范围。

公司的经营范围中属于法律、行政法规规定须经批准的项目，应当依法经过批准。

第十条　【担任法定代表人的主体范围】公司的法定代表人按照公司章程的规定，由代表公司执行公司事务的董事或者经理担任。

担任法定代表人的董事或者经理辞任的，视为同时辞去法定代表人。

法定代表人辞任的，公司应当在法定代表人辞任之日起三十日内确定新的法定代表人。

第十一条　【法定代表人行为的法律后果】法定代表人以公司名义从事的民事活动，其法律后果由公司承受。

公司章程或者股东会对法定代表人职权的限制，不得对抗善意相对人。

法定代表人因执行职务造成他人损害的，由公司承担民事责任。公司承担民事责任后，依照法律或者公司章程的规定，可以向有过错的法定代表人追偿。

第十二条　【公司形式变更】有限责任公司变更为股份有限公司，应当符合本法规定的股份有限公司的条件。股份有限公司变更为有限责任公司，应当符合本法规定的有限责任公司的条件。

有限责任公司变更为股份有限公司的，或者股份有限公司变更为有限责任公司的，公司变更前的债权、债务由变更后的公司承继。

第十三条　【子公司和分公司】公司可以设立子公司。子公司具有法人资格，依法独立承担民事责任。

公司可以设立分公司。分公司不具有法人资格，其民事责任由公司承担。

第十四条　【转投资】公司可以向其他企业投资。

法律规定公司不得成为对所投资企业的债务承担连带责任的出资人的，从其规定。

第十五条　【转投资和为他人提供担保的内部程序】公司向其他企业投资或者为他人提供担保，按照公司章程的规定，由董事会或者股东会决议；公司章程对投资或者担保的总额及单项投资或者担保的数额有限额规定的，不得超过规定的限额。

公司为公司股东或者实际控制人提供担保的，应当经股东会决议。

前款规定的股东或者受前款规定的实际控制人支配的股东，不得参加前款规定事项的表决。该项表决由出席会议的其他股东所持表决权的过半数通过。

第十六条　【职工权益和教育培训】公司应当保护职工的合法权益，依法与职工签订劳动合同，参加社会保险，加强劳动保护，实现安全生产。

公司应当采用多种形式，加强公司职工的职业教育和岗位培训，提高职工素质。

第十七条　【工会和职工代表大会】公司职工依照《中华人民共和国工会法》组织工会，开展工会活动，维护职工合法权益。公司应当为本公司工会提供必要的活动条件。公司工会代表职工就职工的劳动报酬、工作时间、休息休假、劳动安全卫生和保险福利等事项依法与公司签订集体合同。

公司依照宪法和有关法律的规定，建立健全以职工代表大会为基本形式的民主管理制度，通过职工代表大会或者其他形式，实行民主管理。

公司研究决定改制、解散、申请破产以及经营方面的重大问题、制定重要的规章制度时，应当听取公司工会的意见，并通过职工代表大会或者其他形式听取职工的意见和建议。

第十八条　【党组织】在公司中，根据中国共产党章程的规定，设立中国共产党的组织，开展党的活动。公司应当为党组织的活动提供必要条件。

第十九条　【公司基本义务】公司从事经营活动，应当遵守法律法规，遵守社会公德、商业道德，诚实守信，接受政府和社会公众的监督。

第二十条　【公司社会责任】公司从事经营活动，应当充分考虑公司职工、消费者等利益相关者的利益以及生态环境保护等社会公共利益，承担社会责任。

国家鼓励公司参与社会公益活动，公布社会责任报告。

第二十一条　【不得滥用股东权利】公司股东应当遵守法律、行政法规和公司章程，依法行使股东权利，不得滥用股东权利损害公司或者其他股东的利益。

公司股东滥用股东权利给公司或者其他股东造成损失的，应当承担赔偿责任。

第二十二条　【关联交易】公司的控股股东、实际控制人、董事、监事、高级管理人员不得利用关联关系损害公司利益。

违反前款规定，给公司造成损失的，应当承担赔偿责任。

第二十三条　【公司人格否认】公司股东滥用公司法人独立地位和股东有限责任，逃避债务，严重损害公司债权人利益的，应当对公司债务承担连带责任。

股东利用其控制的两个以上公司实施前款规定行为的，各公司应当对任一公司的债务承担连带责任。

只有一个股东的公司，股东不能证明公司财产独立于股东自己的财产的，应当对公司债务承担连带责任。

第二十四条　【电子通信方式开会和表决】公司股东会、董事会、监事会召开会议和表决可以采用电子通信方式，公司章程另有规定的除外。

第二十五条　【决议的无效】公司股东会、董事会的决议内容违反法律、行政法规的无效。

第二十六条　【决议的撤销】公司股东会、董事会的会议召集程序、表决方式违反法律、行政法规或者公司章程，或者决议内容违反公司章程的，股东自决议作出之日起六十日内，可以请求人民法院撤销。但是，股东会、董事会的会议召集程序或者表决方式仅有轻微瑕疵，对决议未产生实质影响的除外。

未被通知参加股东会会议的股东自知道或者应当知道股东会决

议作出之日起六十日内，可以请求人民法院撤销；自决议作出之日起一年内没有行使撤销权的，撤销权消灭。

第二十七条 【决议的不成立】有下列情形之一的，公司股东会、董事会的决议不成立：

（一）未召开股东会、董事会会议作出决议；

（二）股东会、董事会会议未对决议事项进行表决；

（三）出席会议的人数或者所持表决权数未达到本法或者公司章程规定的人数或者所持表决权数；

（四）同意决议事项的人数或者所持表决权数未达到本法或者公司章程规定的人数或者所持表决权数。

第二十八条 【瑕疵决议的法律后果】公司股东会、董事会决议被人民法院宣告无效、撤销或者确认不成立的，公司应当向公司登记机关申请撤销根据该决议已办理的登记。

股东会、董事会决议被人民法院宣告无效、撤销或者确认不成立的，公司根据该决议与善意相对人形成的民事法律关系不受影响。

……

第四章 有限责任公司的股权转让

第八十四条 【股权的自愿转让】有限责任公司的股东之间可以相互转让其全部或者部分股权。

股东向股东以外的人转让股权的，应当将股权转让的数量、价格、支付方式和期限等事项书面通知其他股东，其他股东在同等条件下有优先购买权。股东自接到书面通知之日起三十日内未答复的，视为放弃优先购买权。两个以上股东行使优先购买权的，协商确定各自的购买比例；协商不成的，按照转让时各自的出资比例行使优先购买权。

公司章程对股权转让另有规定的，从其规定。

第八十五条 【股权的强制转让】人民法院依照法律规定的强

制执行程序转让股东的股权时，应当通知公司及全体股东，其他股东在同等条件下有优先购买权。其他股东自人民法院通知之日起满二十日不行使优先购买权的，视为放弃优先购买权。

第八十六条　【股权转让引起的变更股东名册和变更登记】 股东转让股权的，应当书面通知公司，请求变更股东名册；需要办理变更登记的，并请求公司向公司登记机关办理变更登记。公司拒绝或者在合理期限内不予答复的，转让人、受让人可以依法向人民法院提起诉讼。

股权转让的，受让人自记载于股东名册时起可以向公司主张行使股东权利。

第八十七条　【公司在股权转让后的义务】 依照本法转让股权后，公司应当及时注销原股东的出资证明书，向新股东签发出资证明书，并相应修改公司章程和股东名册中有关股东及其出资额的记载。对公司章程的该项修改不需再由股东会表决。

第八十八条　【股权转让情形下的出资责任】 股东转让已认缴出资但未届出资期限的股权的，由受让人承担缴纳该出资的义务；受让人未按期足额缴纳出资的，转让人对受让人未按期缴纳的出资承担补充责任。

未按照公司章程规定的出资日期缴纳出资或者作为出资的非货币财产的实际价额显著低于所认缴的出资额的股东转让股权的，转让人与受让人在出资不足的范围内承担连带责任；受让人不知道且不应当知道存在上述情形的，由转让人承担责任。

第八十九条　【股东股权收购请求权】 有下列情形之一的，对股东会该项决议投反对票的股东可以请求公司按照合理的价格收购其股权：

（一）公司连续五年不向股东分配利润，而公司该五年连续盈利，并且符合本法规定的分配利润条件；

（二）公司合并、分立、转让主要财产；

（三）公司章程规定的营业期限届满或者章程规定的其他解散事由出现，股东会通过决议修改章程使公司存续。

自股东会决议作出之日起六十日内，股东与公司不能达成股权收购协议的，股东可以自股东会决议作出之日起九十日内向人民法院提起诉讼。

公司的控股股东滥用股东权利，严重损害公司或者其他股东利益的，其他股东有权请求公司按照合理的价格收购其股权。

公司因本条第一款、第三款规定的情形收购的本公司股权，应当在六个月内依法转让或者注销。

第九十条　【股东资格继承】自然人股东死亡后，其合法继承人可以继承股东资格；但是，公司章程另有规定的除外。

……

第六章　股份有限公司的股份发行和转让

第一节　股份发行

第一百四十二条　【面额股和无面额股】公司的资本划分为股份。公司的全部股份，根据公司章程的规定择一采用面额股或者无面额股。采用面额股的，每一股的金额相等。

公司可以根据公司章程的规定将已发行的面额股全部转换为无面额股或者将无面额股全部转换为面额股。

采用无面额股的，应当将发行股份所得股款的二分之一以上计入注册资本。

第一百四十三条　【股份发行的原则】股份的发行，实行公平、公正的原则，同类别的每一股份应当具有同等权利。

同次发行的同类别股份，每股的发行条件和价格应当相同；认购人所认购的股份，每股应当支付相同价额。

第一百四十四条　【类别股的种类】公司可以按照公司章程的

规定发行下列与普通股权利不同的类别股：

（一）优先或者劣后分配利润或者剩余财产的股份；

（二）每一股的表决权数多于或者少于普通股的股份；

（三）转让须经公司同意等转让受限的股份；

（四）国务院规定的其他类别股。

公开发行股份的公司不得发行前款第二项、第三项规定的类别股；公开发行前已发行的除外。

公司发行本条第一款第二项规定的类别股的，对于监事或者审计委员会成员的选举和更换，类别股与普通股每一股的表决权数相同。

第一百四十五条　【发行类别股的公司章程记载事项】发行类别股的公司，应当在公司章程中载明以下事项：

（一）类别股分配利润或者剩余财产的顺序；

（二）类别股的表决权数；

（三）类别股的转让限制；

（四）保护中小股东权益的措施；

（五）股东会认为需要规定的其他事项。

第一百四十六条　【类别股股东会决议】发行类别股的公司，有本法第一百一十六条第三款规定的事项等可能影响类别股股东权利的，除应当依照第一百一十六条第三款的规定经股东会决议外，还应当经出席类别股股东会议的股东所持表决权的三分之二以上通过。

公司章程可以对需经类别股股东会议决议的其他事项作出规定。

第一百四十七条　【股份的形式和记名股票】公司的股份采取股票的形式。股票是公司签发的证明股东所持股份的凭证。

公司发行的股票，应当为记名股票。

第一百四十八条　【面额股股票的发行价格】面额股股票的发行价格可以按票面金额，也可以超过票面金额，但不得低于票面金额。

第一百四十九条　【股票的形式】股票采用纸面形式或者国务院证券监督管理机构规定的其他形式。

股票采用纸面形式的，应当载明下列主要事项：

（一）公司名称；

（二）公司成立日期或者股票发行的时间；

（三）股票种类、票面金额及代表的股份数，发行无面额股的，股票代表的股份数。

股票采用纸面形式的，还应当载明股票的编号，由法定代表人签名，公司盖章。

发起人股票采用纸面形式的，应当标明发起人股票字样。

第一百五十条　【股票交付时间】股份有限公司成立后，即向股东正式交付股票。公司成立前不得向股东交付股票。

第一百五十一条　【公司发行新股的股东会决议】公司发行新股，股东会应当对下列事项作出决议：

（一）新股种类及数额；

（二）新股发行价格；

（三）新股发行的起止日期；

（四）向原有股东发行新股的种类及数额；

（五）发行无面额股的，新股发行所得股款计入注册资本的金额。

公司发行新股，可以根据公司经营情况和财务状况，确定其作价方案。

第一百五十二条　【授权董事会决定发行股份及其限制】公司章程或者股东会可以授权董事会在三年内决定发行不超过已发行股份百分之五十的股份。但以非货币财产作价出资的应当经股东会决议。

董事会依照前款规定决定发行股份导致公司注册资本、已发行股份数发生变化的，对公司章程该项记载事项的修改不需再由股东会表决。

第一百五十三条　【董事会决定发行新股的决议通过比例】 公司章程或者股东会授权董事会决定发行新股的，董事会决议应当经全体董事三分之二以上通过。

第一百五十四条　【公开募集股份的注册和公告招股说明书】 公司向社会公开募集股份，应当经国务院证券监督管理机构注册，公告招股说明书。

招股说明书应当附有公司章程，并载明下列事项：

（一）发行的股份总数；

（二）面额股的票面金额和发行价格或者无面额股的发行价格；

（三）募集资金的用途；

（四）认股人的权利和义务；

（五）股份种类及其权利和义务；

（六）本次募股的起止日期及逾期未募足时认股人可以撤回所认股份的说明。

公司设立时发行股份的，还应当载明发起人认购的股份数。

第一百五十五条　【证券承销】 公司向社会公开募集股份，应当由依法设立的证券公司承销，签订承销协议。

第一百五十六条　【银行代收股款】 公司向社会公开募集股份，应当同银行签订代收股款协议。

代收股款的银行应当按照协议代收和保存股款，向缴纳股款的认股人出具收款单据，并负有向有关部门出具收款证明的义务。

公司发行股份募足股款后，应予公告。

第二节　股 份 转 让

第一百五十七条　【股份转让自由及其例外】 股份有限公司的股东持有的股份可以向其他股东转让，也可以向股东以外的人转让；

公司章程对股份转让有限制的，其转让按照公司章程的规定进行。

第一百五十八条　【股份转让的方式】股东转让其股份，应当在依法设立的证券交易场所进行或者按照国务院规定的其他方式进行。

第一百五十九条　【股票转让的方式】股票的转让，由股东以背书方式或者法律、行政法规规定的其他方式进行；转让后由公司将受让人的姓名或者名称及住所记载于股东名册。

股东会会议召开前二十日内或者公司决定分配股利的基准日前五日内，不得变更股东名册。法律、行政法规或者国务院证券监督管理机构对上市公司股东名册变更另有规定的，从其规定。

第一百六十条　【股份转让的限制】公司公开发行股份前已发行的股份，自公司股票在证券交易所上市交易之日起一年内不得转让。法律、行政法规或者国务院证券监督管理机构对上市公司的股东、实际控制人转让其所持有的本公司股份另有规定的，从其规定。

公司董事、监事、高级管理人员应当向公司申报所持有的本公司的股份及其变动情况，在就任时确定的任职期间每年转让的股份不得超过其所持有本公司股份总数的百分之二十五；所持本公司股份自公司股票上市交易之日起一年内不得转让。上述人员离职后半年内，不得转让其所持有的本公司股份。公司章程可以对公司董事、监事、高级管理人员转让其所持有的本公司股份作出其他限制性规定。

股份在法律、行政法规规定的限制转让期限内出质的，质权人不得在限制转让期限内行使质权。

第一百六十一条　【异议股东股份回购请求权】有下列情形之一的，对股东会该项决议投反对票的股东可以请求公司按照合理的价格收购其股份，公开发行股份的公司除外：

（一）公司连续五年不向股东分配利润，而公司该五年连续盈利，并且符合本法规定的分配利润条件；

（二）公司转让主要财产；

（三）公司章程规定的营业期限届满或者章程规定的其他解散事由出现，股东会通过决议修改章程使公司存续。

自股东会决议作出之日起六十日内，股东与公司不能达成股份收购协议的，股东可以自股东会决议作出之日起九十日内向人民法院提起诉讼。

公司因本条第一款规定的情形收购的本公司股份，应当在六个月内依法转让或者注销。

第一百六十二条　【公司不得收购本公司股份及其例外】公司不得收购本公司股份。但是，有下列情形之一的除外：

（一）减少公司注册资本；

（二）与持有本公司股份的其他公司合并；

（三）将股份用于员工持股计划或者股权激励；

（四）股东因对股东会作出的公司合并、分立决议持异议，要求公司收购其股份；

（五）将股份用于转换公司发行的可转换为股票的公司债券；

（六）上市公司为维护公司价值及股东权益所必需。

公司因前款第一项、第二项规定的情形收购本公司股份的，应当经股东会决议；公司因前款第三项、第五项、第六项规定的情形收购本公司股份的，可以按照公司章程或者股东会的授权，经三分之二以上董事出席的董事会会议决议。

公司依照本条第一款规定收购本公司股份后，属于第一项情形的，应当自收购之日起十日内注销；属于第二项、第四项情形的，应当在六个月内转让或者注销；属于第三项、第五项、第六项情形的，公司合计持有的本公司股份数不得超过本公司已发行股份总数的百分之十，并应当在三年内转让或者注销。

上市公司收购本公司股份的，应当依照《中华人民共和国证券法》的规定履行信息披露义务。上市公司因本条第一款第三项、第五项、第六项规定的情形收购本公司股份的，应当通过公开的集中交易方式进行。

公司不得接受本公司的股份作为质权的标的。

第一百六十三条 【禁止财务资助及其例外】公司不得为他人取得本公司或者其母公司的股份提供赠与、借款、担保以及其他财务资助，公司实施员工持股计划的除外。

为公司利益，经股东会决议，或者董事会按照公司章程或者股东会的授权作出决议，公司可以为他人取得本公司或者其母公司的股份提供财务资助，但财务资助的累计总额不得超过已发行股本总额的百分之十。董事会作出决议应当经全体董事的三分之二以上通过。

违反前两款规定，给公司造成损失的，负有责任的董事、监事、高级管理人员应当承担赔偿责任。

第一百六十四条 【股票被盗、遗失或者灭失的救济】股票被盗、遗失或者灭失，股东可以依照《中华人民共和国民事诉讼法》规定的公示催告程序，请求人民法院宣告该股票失效。人民法院宣告该股票失效后，股东可以向公司申请补发股票。

第一百六十五条 【上市公司的股票上市交易】上市公司的股票，依照有关法律、行政法规及证券交易所交易规则上市交易。

第一百六十六条 【上市公司信息披露】上市公司应当依照法律、行政法规的规定披露相关信息。

第一百六十七条 【股东资格继承】自然人股东死亡后，其合法继承人可以继承股东资格；但是，股份转让受限的股份有限公司的章程另有规定的除外。

……

第八章 公司董事、监事、高级管理人员的资格和义务

第一百七十八条 【消极资格】有下列情形之一的，不得担任

公司的董事、监事、高级管理人员：

（一）无民事行为能力或者限制民事行为能力；

（二）因贪污、贿赂、侵占财产、挪用财产或者破坏社会主义市场经济秩序，被判处刑罚，或者因犯罪被剥夺政治权利，执行期满未逾五年，被宣告缓刑的，自缓刑考验期满之日起未逾二年；

（三）担任破产清算的公司、企业的董事或者厂长、经理，对该公司、企业的破产负有个人责任的，自该公司、企业破产清算完结之日起未逾三年；

（四）担任因违法被吊销营业执照、责令关闭的公司、企业的法定代表人，并负有个人责任的，自该公司、企业被吊销营业执照、责令关闭之日起未逾三年；

（五）个人因所负数额较大债务到期未清偿被人民法院列为失信被执行人。

违反前款规定选举、委派董事、监事或者聘任高级管理人员的，该选举、委派或者聘任无效。

董事、监事、高级管理人员在任职期间出现本条第一款所列情形的，公司应当解除其职务。

第一百七十九条　【守法合章义务】董事、监事、高级管理人员应当遵守法律、行政法规和公司章程。

第一百八十条　【忠实义务和勤勉义务的一般规定】董事、监事、高级管理人员对公司负有忠实义务，应当采取措施避免自身利益与公司利益冲突，不得利用职权牟取不正当利益。

董事、监事、高级管理人员对公司负有勤勉义务，执行职务应当为公司的最大利益尽到管理者通常应有的合理注意。

公司的控股股东、实际控制人不担任公司董事但实际执行公司事务的，适用前两款规定。

第一百八十一条　【违反忠实义务的行为】董事、监事、高级管理人员不得有下列行为：

（一）侵占公司财产、挪用公司资金；

（二）将公司资金以其个人名义或者以其他个人名义开立账户存储；

（三）利用职权贿赂或者收受其他非法收入；

（四）接受他人与公司交易的佣金归为己有；

（五）擅自披露公司秘密；

（六）违反对公司忠实义务的其他行为。

第一百八十二条　【自我交易和关联交易】董事、监事、高级管理人员，直接或者间接与本公司订立合同或者进行交易，应当就与订立合同或者进行交易有关的事项向董事会或者股东会报告，并按照公司章程的规定经董事会或者股东会决议通过。

董事、监事、高级管理人员的近亲属，董事、监事、高级管理人员或者其近亲属直接或者间接控制的企业，以及与董事、监事、高级管理人员有其他关联关系的关联人，与公司订立合同或者进行交易，适用前款规定。

第一百八十三条　【利用公司商业机会】董事、监事、高级管理人员，不得利用职务便利为自己或者他人谋取属于公司的商业机会。但是，有下列情形之一的除外：

（一）向董事会或者股东会报告，并按照公司章程的规定经董事会或者股东会决议通过；

（二）根据法律、行政法规或者公司章程的规定，公司不能利用该商业机会。

第一百八十四条　【竞业限制】董事、监事、高级管理人员未向董事会或者股东会报告，并按照公司章程的规定经董事会或者股东会决议通过，不得自营或者为他人经营与其任职公司同类的业务。

第一百八十五条　【关联董事回避表决】董事会对本法第一百八十二条至第一百八十四条规定的事项决议时，关联董事不得参与表决，其表决权不计入表决权总数。出席董事会会议的无关联关系董事人数不足三人的，应当将该事项提交股东会审议。

第一百八十六条　【归入权】董事、监事、高级管理人员违反本法第一百八十一条至第一百八十四条规定所得的收入应当归公司所有。

第一百八十七条　【列席股东会会议并接受股东质询】股东会要求董事、监事、高级管理人员列席会议的，董事、监事、高级管理人员应当列席并接受股东的质询。

第一百八十八条　【执行职务给公司造成损失的赔偿责任】董事、监事、高级管理人员执行职务违反法律、行政法规或者公司章程的规定，给公司造成损失的，应当承担赔偿责任。

第一百八十九条　【股东代表诉讼】董事、高级管理人员有前条规定的情形的，有限责任公司的股东、股份有限公司连续一百八十日以上单独或者合计持有公司百分之一以上股份的股东，可以书面请求监事会向人民法院提起诉讼；监事有前条规定的情形的，前述股东可以书面请求董事会向人民法院提起诉讼。

监事会或者董事会收到前款规定的股东书面请求后拒绝提起诉讼，或者自收到请求之日起三十日内未提起诉讼，或者情况紧急、不立即提起诉讼将会使公司利益受到难以弥补的损害的，前款规定的股东有权为公司利益以自己的名义直接向人民法院提起诉讼。

他人侵犯公司合法权益，给公司造成损失的，本条第一款规定的股东可以依照前两款的规定向人民法院提起诉讼。

公司全资子公司的董事、监事、高级管理人员有前条规定情形，或者他人侵犯公司全资子公司合法权益造成损失的，有限责任公司的股东、股份有限公司连续一百八十日以上单独或者合计持有公司百分之一以上股份的股东，可以依照前三款规定书面请求全资子公司的监事会、董事会向人民法院提起诉讼或者以自己的名义直接向人民法院提起诉讼。

第一百九十条　【股东直接诉讼】董事、高级管理人员违反法律、行政法规或者公司章程的规定，损害股东利益的，股东可以向人民法院提起诉讼。

第一百九十一条　【执行职务给他人造成损害的赔偿责任】 董事、高级管理人员执行职务，给他人造成损害的，公司应当承担赔偿责任；董事、高级管理人员存在故意或者重大过失的，也应当承担赔偿责任。

第一百九十二条　【影子董事、影子高级管理人员】 公司的控股股东、实际控制人指示董事、高级管理人员从事损害公司或者股东利益的行为的，与该董事、高级管理人员承担连带责任。

第一百九十三条　【董事责任保险】 公司可以在董事任职期间为董事因执行公司职务承担的赔偿责任投保责任保险。

公司为董事投保责任保险或者续保后，董事会应当向股东会报告责任保险的投保金额、承保范围及保险费率等内容。

第九章　公 司 债 券

第一百九十四条　【公司债券的定义、发行和交易的一般规定】 本法所称公司债券，是指公司发行的约定按期还本付息的有价证券。

公司债券可以公开发行，也可以非公开发行。

公司债券的发行和交易应当符合《中华人民共和国证券法》等法律、行政法规的规定。

第一百九十五条　【公司债券募集办法的公告及记载事项】 公开发行公司债券，应当经国务院证券监督管理机构注册，公告公司债券募集办法。

公司债券募集办法应当载明下列主要事项：

（一）公司名称；

（二）债券募集资金的用途；

（三）债券总额和债券的票面金额；

（四）债券利率的确定方式；

（五）还本付息的期限和方式；

（六）债券担保情况；

（七）债券的发行价格、发行的起止日期；

（八）公司净资产额；

（九）已发行的尚未到期的公司债券总额；

（十）公司债券的承销机构。

第一百九十六条　【以纸面形式发行的公司债券的记载事项】公司以纸面形式发行公司债券的，应当在债券上载明公司名称、债券票面金额、利率、偿还期限等事项，并由法定代表人签名，公司盖章。

第一百九十七条　【记名债券】公司债券应当为记名债券。

第一百九十八条　【债券持有人名册】公司发行公司债券应当置备公司债券持有人名册。

发行公司债券的，应当在公司债券持有人名册上载明下列事项：

（一）债券持有人的姓名或者名称及住所；

（二）债券持有人取得债券的日期及债券的编号；

（三）债券总额，债券的票面金额、利率、还本付息的期限和方式；

（四）债券的发行日期。

第一百九十九条　【公司债券的登记结算】公司债券的登记结算机构应当建立债券登记、存管、付息、兑付等相关制度。

第二百条　【公司债券转让自由及其合法性】公司债券可以转让，转让价格由转让人与受让人约定。

公司债券的转让应当符合法律、行政法规的规定。

第二百零一条　【公司债券转让的方式】公司债券由债券持有人以背书方式或者法律、行政法规规定的其他方式转让；转让后由公司将受让人的姓名或者名称及住所记载于公司债券持有人名册。

第二百零二条　【可转换为股票的公司债券的发行】股份有限

公司经股东会决议，或者经公司章程、股东会授权由董事会决议，可以发行可转换为股票的公司债券，并规定具体的转换办法。上市公司发行可转换为股票的公司债券，应当经国务院证券监督管理机构注册。

发行可转换为股票的公司债券，应当在债券上标明可转换公司债券字样，并在公司债券持有人名册上载明可转换公司债券的数额。

第二百零三条　【可转换为股票的公司债券的转换】发行可转换为股票的公司债券的，公司应当按照其转换办法向债券持有人换发股票，但债券持有人对转换股票或者不转换股票有选择权。法律、行政法规另有规定的除外。

第二百零四条　【债券持有人会议及其决议】公开发行公司债券的，应当为同期债券持有人设立债券持有人会议，并在债券募集办法中对债券持有人会议的召集程序、会议规则和其他重要事项作出规定。债券持有人会议可以对与债券持有人有利害关系的事项作出决议。

除公司债券募集办法另有约定外，债券持有人会议决议对同期全体债券持有人发生效力。

第二百零五条　【债券受托管理人的聘请及其负责事项】公开发行公司债券的，发行人应当为债券持有人聘请债券受托管理人，由其为债券持有人办理受领清偿、债权保全、与债券相关的诉讼以及参与债务人破产程序等事项。

第二百零六条　【债券受托管理人的职责及责任承担】债券受托管理人应当勤勉尽责，公正履行受托管理职责，不得损害债券持有人利益。

受托管理人与债券持有人存在利益冲突可能损害债券持有人利益的，债券持有人会议可以决议变更债券受托管理人。

债券受托管理人违反法律、行政法规或者债券持有人会议决议，损害债券持有人利益的，应当承担赔偿责任。

第十章　公司财务、会计

第二百零七条　【依法建立财务、会计制度】公司应当依照法律、行政法规和国务院财政部门的规定建立本公司的财务、会计制度。

第二百零八条　【财务会计报告的编制】公司应当在每一会计年度终了时编制财务会计报告，并依法经会计师事务所审计。

财务会计报告应当依照法律、行政法规和国务院财政部门的规定制作。

第二百零九条　【财务会计报告的公布】有限责任公司应当按照公司章程规定的期限将财务会计报告送交各股东。

股份有限公司的财务会计报告应当在召开股东会年会的二十日前置备于本公司，供股东查阅；公开发行股份的股份有限公司应当公告其财务会计报告。

第二百一十条　【公司利润分配】公司分配当年税后利润时，应当提取利润的百分之十列入公司法定公积金。公司法定公积金累计额为公司注册资本的百分之五十以上的，可以不再提取。

公司的法定公积金不足以弥补以前年度亏损的，在依照前款规定提取法定公积金之前，应当先用当年利润弥补亏损。

公司从税后利润中提取法定公积金后，经股东会决议，还可以从税后利润中提取任意公积金。

公司弥补亏损和提取公积金后所余税后利润，有限责任公司按照股东实缴的出资比例分配利润，全体股东约定不按照出资比例分配利润的除外；股份有限公司按照股东所持有的股份比例分配利润，公司章程另有规定的除外。

公司持有的本公司股份不得分配利润。

第二百一十一条　【违法分配利润的后果及责任】公司违反本法规定向股东分配利润的，股东应当将违反规定分配的利润退还公司；给公司造成损失的，股东及负有责任的董事、监事、高级管理人员应当承担赔偿责任。

第二百一十二条　【利润分配的完成期限】股东会作出分配利润的决议的，董事会应当在股东会决议作出之日起六个月内进行分配。

第二百一十三条　【资本公积金的来源】公司以超过股票票面金额的发行价格发行股份所得的溢价款、发行无面额股所得股款未计入注册资本的金额以及国务院财政部门规定列入资本公积金的其他项目，应当列为公司资本公积金。

第二百一十四条　【公积金的用途】公司的公积金用于弥补公司的亏损、扩大公司生产经营或者转为增加公司注册资本。

公积金弥补公司亏损，应当先使用任意公积金和法定公积金；仍不能弥补的，可以按照规定使用资本公积金。

法定公积金转为增加注册资本时，所留存的该项公积金不得少于转增前公司注册资本的百分之二十五。

第二百一十五条　【会计师事务所的聘用及解聘】公司聘用、解聘承办公司审计业务的会计师事务所，按照公司章程的规定，由股东会、董事会或者监事会决定。

公司股东会、董事会或者监事会就解聘会计师事务所进行表决时，应当允许会计师事务所陈述意见。

第二百一十六条　【会计资料的提供】公司应当向聘用的会计师事务所提供真实、完整的会计凭证、会计账簿、财务会计报告及其他会计资料，不得拒绝、隐匿、谎报。

第二百一十七条　【禁止另立账簿或账户】公司除法定的会计账簿外，不得另立会计账簿。

对公司资金，不得以任何个人名义开立账户存储。

……

优化营商环境条例

（2019年10月8日国务院第66次常务会议通过　2019年10月22日中华人民共和国国务院令第722号公布　自2020年1月1日起施行）

第一章　总　　则

第一条　为了持续优化营商环境，不断解放和发展社会生产力，加快建设现代化经济体系，推动高质量发展，制定本条例。

第二条　本条例所称营商环境，是指企业等市场主体在市场经济活动中所涉及的体制机制性因素和条件。

第三条　国家持续深化简政放权、放管结合、优化服务改革，最大限度减少政府对市场资源的直接配置，最大限度减少政府对市场活动的直接干预，加强和规范事中事后监管，着力提升政务服务能力和水平，切实降低制度性交易成本，更大激发市场活力和社会创造力，增强发展动力。

各级人民政府及其部门应当坚持政务公开透明，以公开为常态、不公开为例外，全面推进决策、执行、管理、服务、结果公开。

第四条　优化营商环境应当坚持市场化、法治化、国际化原则，以市场主体需求为导向，以深刻转变政府职能为核心，创新体制机制、强化协同联动、完善法治保障，对标国际先进水平，为各类市场主体投资兴业营造稳定、公平、透明、可预期的良好环境。

第五条　国家加快建立统一开放、竞争有序的现代市场体系，依法促进各类生产要素自由流动，保障各类市场主体公平参与市场竞争。

第六条　国家鼓励、支持、引导非公有制经济发展，激发非公有制经济活力和创造力。

国家进一步扩大对外开放，积极促进外商投资，平等对待内资企业、外商投资企业等各类市场主体。

第七条 各级人民政府应当加强对优化营商环境工作的组织领导，完善优化营商环境的政策措施，建立健全统筹推进、督促落实优化营商环境工作的相关机制，及时协调、解决优化营商环境工作中的重大问题。

县级以上人民政府有关部门应当按照职责分工，做好优化营商环境的相关工作。县级以上地方人民政府根据实际情况，可以明确优化营商环境工作的主管部门。

国家鼓励和支持各地区、各部门结合实际情况，在法治框架内积极探索原创性、差异化的优化营商环境具体措施；对探索中出现失误或者偏差，符合规定条件的，可以予以免责或者减轻责任。

第八条 国家建立和完善以市场主体和社会公众满意度为导向的营商环境评价体系，发挥营商环境评价对优化营商环境的引领和督促作用。

开展营商环境评价，不得影响各地区、各部门正常工作，不得影响市场主体正常生产经营活动或者增加市场主体负担。

任何单位不得利用营商环境评价谋取利益。

第九条 市场主体应当遵守法律法规，恪守社会公德和商业道德，诚实守信、公平竞争，履行安全、质量、劳动者权益保护、消费者权益保护等方面的法定义务，在国际经贸活动中遵循国际通行规则。

第二章 市场主体保护

第十条 国家坚持权利平等、机会平等、规则平等，保障各种所有制经济平等受到法律保护。

第十一条 市场主体依法享有经营自主权。对依法应当由市场主体自主决策的各类事项，任何单位和个人不得干预。

第十二条 国家保障各类市场主体依法平等使用资金、技术、人力资源、土地使用权及其他自然资源等各类生产要素和公共服务资源。

各类市场主体依法平等适用国家支持发展的政策。政府及其有关部门在政府资金安排、土地供应、税费减免、资质许可、标准制定、项目申报、职称评定、人力资源政策等方面，应当依法平等对待各类市场主体，不得制定或者实施歧视性政策措施。

第十三条 招标投标和政府采购应当公开透明、公平公正，依法平等对待各类所有制和不同地区的市场主体，不得以不合理条件或者产品产地来源等进行限制或者排斥。

政府有关部门应当加强招标投标和政府采购监管，依法纠正和查处违法违规行为。

第十四条 国家依法保护市场主体的财产权和其他合法权益，保护企业经营者人身和财产安全。

严禁违反法定权限、条件、程序对市场主体的财产和企业经营者个人财产实施查封、冻结和扣押等行政强制措施；依法确需实施前述行政强制措施的，应当限定在所必需的范围内。

禁止在法律、法规规定之外要求市场主体提供财力、物力或者人力的摊派行为。市场主体有权拒绝任何形式的摊派。

第十五条 国家建立知识产权侵权惩罚性赔偿制度，推动建立知识产权快速协同保护机制，健全知识产权纠纷多元化解决机制和知识产权维权援助机制，加大对知识产权的保护力度。

国家持续深化商标注册、专利申请便利化改革，提高商标注册、专利申请审查效率。

第十六条 国家加大中小投资者权益保护力度，完善中小投资者权益保护机制，保障中小投资者的知情权、参与权，提升中小投资者维护合法权益的便利度。

第十七条 除法律、法规另有规定外，市场主体有权自主决定加入或者退出行业协会商会等社会组织，任何单位和个人不得干预。

除法律、法规另有规定外，任何单位和个人不得强制或者变相强制市场主体参加评比、达标、表彰、培训、考核、考试以及类似活动，不得借前述活动向市场主体收费或者变相收费。

第十八条 国家推动建立全国统一的市场主体维权服务平台，为市场主体提供高效、便捷的维权服务。

第三章 市场环境

第十九条 国家持续深化商事制度改革，统一企业登记业务规范，统一数据标准和平台服务接口，采用统一社会信用代码进行登记管理。

国家推进“证照分离”改革，持续精简涉企经营许可事项，依法采取直接取消审批、审批改为备案、实行告知承诺、优化审批服务等方式，对所有涉企经营许可事项进行分类管理，为企业取得营业执照后开展相关经营活动提供便利。除法律、行政法规规定的特定领域外，涉企经营许可事项不得作为企业登记的前置条件。

政府有关部门应当按照国家有关规定，简化企业从申请设立到具备一般性经营条件所需办理的手续。在国家规定的企业开办时限内，各地区应当确定并公开具体办理时间。

企业申请办理住所等相关变更登记的，有关部门应当依法及时办理，不得限制。除法律、法规、规章另有规定外，企业迁移后其持有的有效许可证件不再重复办理。

第二十条 国家持续放宽市场准入，并实行全国统一的市场准入负面清单制度。市场准入负面清单以外的领域，各类市场主体均可以依法平等进入。

各地区、各部门不得另行制定市场准入性质的负面清单。

第二十一条 政府有关部门应当加大反垄断和反不正当竞争执

法力度，有效预防和制止市场经济活动中的垄断行为、不正当竞争行为以及滥用行政权力排除、限制竞争的行为，营造公平竞争的市场环境。

第二十二条　国家建立健全统一开放、竞争有序的人力资源市场体系，打破城乡、地区、行业分割和身份、性别等歧视，促进人力资源有序社会性流动和合理配置。

第二十三条　政府及其有关部门应当完善政策措施、强化创新服务，鼓励和支持市场主体拓展创新空间，持续推进产品、技术、商业模式、管理等创新，充分发挥市场主体在推动科技成果转化中的作用。

第二十四条　政府及其有关部门应当严格落实国家各项减税降费政策，及时研究解决政策落实中的具体问题，确保减税降费政策全面、及时惠及市场主体。

第二十五条　设立政府性基金、涉企行政事业性收费、涉企保证金，应当有法律、行政法规依据或者经国务院批准。对政府性基金、涉企行政事业性收费、涉企保证金以及实行政府定价的经营服务性收费，实行目录清单管理并向社会公开，目录清单之外的前述收费和保证金一律不得执行。推广以金融机构保函替代现金缴纳涉企保证金。

第二十六条　国家鼓励和支持金融机构加大对民营企业、中小企业的支持力度，降低民营企业、中小企业综合融资成本。

金融监督管理部门应当完善对商业银行等金融机构的监管考核和激励机制，鼓励、引导其增加对民营企业、中小企业的信贷投放，并合理增加中长期贷款和信用贷款支持，提高贷款审批效率。

商业银行等金融机构在授信中不得设置不合理条件，不得对民营企业、中小企业设置歧视性要求。商业银行等金融机构应当按照国家有关规定规范收费行为，不得违规向服务对象收取不合理费用。商业银行应当向社会公开开设企业账户的服务标准、资费标准和办理时限。

第二十七条 国家促进多层次资本市场规范健康发展，拓宽市场主体融资渠道，支持符合条件的民营企业、中小企业依法发行股票、债券以及其他融资工具，扩大直接融资规模。

第二十八条 供水、供电、供气、供热等公用企事业单位应当向社会公开服务标准、资费标准等信息，为市场主体提供安全、便捷、稳定和价格合理的服务，不得强迫市场主体接受不合理的服务条件，不得以任何名义收取不合理费用。各地区应当优化报装流程，在国家规定的报装办理时限内确定并公开具体办理时间。

政府有关部门应当加强对公用企事业单位运营的监督管理。

第二十九条 行业协会商会应当依照法律、法规和章程，加强行业自律，及时反映行业诉求，为市场主体提供信息咨询、宣传培训、市场拓展、权益保护、纠纷处理等方面的服务。

国家依法严格规范行业协会商会的收费、评比、认证等行为。

第三十条 国家加强社会信用体系建设，持续推进政务诚信、商务诚信、社会诚信和司法公信建设，提高全社会诚信意识和信用水平，维护信用信息安全，严格保护商业秘密和个人隐私。

第三十一条 地方各级人民政府及其有关部门应当履行向市场主体依法作出的政策承诺以及依法订立的各类合同，不得以行政区划调整、政府换届、机构或者职能调整以及相关责任人更替等为由违约毁约。因国家利益、社会公共利益需要改变政策承诺、合同约定的，应当依照法定权限和程序进行，并依法对市场主体因此受到的损失予以补偿。

第三十二条 国家机关、事业单位不得违约拖欠市场主体的货物、工程、服务等账款，大型企业不得利用优势地位拖欠中小企业账款。

县级以上人民政府及其有关部门应当加大对国家机关、事业单位拖欠市场主体账款的清理力度，并通过加强预算管理、严格责任追究等措施，建立防范和治理国家机关、事业单位拖欠市场主体账款的长效机制。

第三十三条　政府有关部门应当优化市场主体注销办理流程，精简申请材料、压缩办理时间、降低注销成本。对设立后未开展生产经营活动或者无债权债务的市场主体，可以按照简易程序办理注销。对有债权债务的市场主体，在债权债务依法解决后及时办理注销。

县级以上地方人民政府应当根据需要建立企业破产工作协调机制，协调解决企业破产过程中涉及的有关问题。

第四章　政务服务

第三十四条　政府及其有关部门应当进一步增强服务意识，切实转变工作作风，为市场主体提供规范、便利、高效的政务服务。

第三十五条　政府及其有关部门应当推进政务服务标准化，按照减环节、减材料、减时限的要求，编制并向社会公开政务服务事项（包括行政权力事项和公共服务事项，下同）标准化工作流程和办事指南，细化量化政务服务标准，压缩自由裁量权，推进同一事项实行无差别受理、同标准办理。没有法律、法规、规章依据，不得增设政务服务事项的办理条件和环节。

第三十六条　政府及其有关部门办理政务服务事项，应当根据实际情况，推行当场办结、一次办结、限时办结等制度，实现集中办理、就近办理、网上办理、异地可办。需要市场主体补正有关材料、手续的，应当一次性告知需要补正的内容；需要进行现场踏勘、现场核查、技术审查、听证论证的，应当及时安排、限时办结。

法律、法规、规章以及国家有关规定对政务服务事项办理时限有规定的，应当在规定的时限内尽快办结；没有规定的，应当按照合理、高效的原则确定办理时限并按时办结。各地区可以在国家规定的政务服务事项办理时限内进一步压减时间，并应当向社会公开；

超过办理时间的，办理单位应当公开说明理由。

地方各级人民政府已设立政务服务大厅的，本行政区域内各类政务服务事项一般应当进驻政务服务大厅统一办理。对政务服务大厅中部门分设的服务窗口，应当创造条件整合为综合窗口，提供一站式服务。

第三十七条 国家加快建设全国一体化在线政务服务平台（以下称一体化在线平台），推动政务服务事项在全国范围内实现“一网通办”。除法律、法规另有规定或者涉及国家秘密等情形外，政务服务事项应当按照国务院确定的步骤，纳入一体化在线平台办理。

国家依托一体化在线平台，推动政务信息系统整合，优化政务流程，促进政务服务跨地区、跨部门、跨层级数据共享和业务协同。政府及其有关部门应当按照国家有关规定，提供数据共享服务，及时将有关政务服务数据上传至一体化在线平台，加强共享数据使用全过程管理，确保共享数据安全。

国家建立电子证照共享服务系统，实现电子证照跨地区、跨部门共享和全国范围内互信互认。各地区、各部门应当加强电子证照的推广应用。

各地区、各部门应当推动政务服务大厅与政务服务平台全面对接融合。市场主体有权自主选择政务服务办理渠道，行政机关不得限定办理渠道。

第三十八条 政府及其有关部门应当通过政府网站、一体化在线平台，集中公布涉及市场主体的法律、法规、规章、行政规范性文件和各类政策措施，并通过多种途径和方式加强宣传解读。

第三十九条 国家严格控制新设行政许可。新设行政许可应当按照行政许可法和国务院的规定严格设定标准，并进行合法性、必要性和合理性审查论证。对通过事中事后监管或者市场机制能够解决以及行政许可法和国务院规定不得设立行政许可的事项，一律不得设立行政许可，严禁以备案、登记、注册、目录、规划、年检、年报、监制、认定、认证、审定以及其他任何形式变相设定或者实施行政许可。

法律、行政法规和国务院决定对相关管理事项已作出规定，但未采取行政许可管理方式的，地方不得就该事项设定行政许可。对相关管理事项尚未制定法律、行政法规的，地方可以依法就该事项设定行政许可。

第四十条　国家实行行政许可清单管理制度，适时调整行政许可清单并向社会公布，清单之外不得违法实施行政许可。

国家大力精简已有行政许可。对已取消的行政许可，行政机关不得继续实施或者变相实施，不得转由行业协会商会或者其他组织实施。

对实行行政许可管理的事项，行政机关应当通过整合实施、下放审批层级等多种方式，优化审批服务，提高审批效率，减轻市场主体负担。符合相关条件和要求的，可以按照有关规定采取告知承诺的方式办理。

第四十一条　县级以上地方人民政府应当深化投资审批制度改革，根据项目性质、投资规模等分类规范投资审批程序，精简审批要件，简化技术审查事项，强化项目决策与用地、规划等建设条件落实的协同，实行与相关审批在线并联办理。

第四十二条　设区的市级以上地方人民政府应当按照国家有关规定，优化工程建设项目（不包括特殊工程和交通、水利、能源等领域的重大工程）审批流程，推行并联审批、多图联审、联合竣工验收等方式，简化审批手续，提高审批效能。

在依法设立的开发区、新区和其他有条件的区域，按照国家有关规定推行区域评估，由设区的市级以上地方人民政府组织对一定区域内压覆重要矿产资源、地质灾害危险性等事项进行统一评估，不再对区域内的市场主体单独提出评估要求。区域评估的费用不得由市场主体承担。

第四十三条 作为办理行政审批条件的中介服务事项（以下称法定行政审批中介服务）应当有法律、法规或者国务院决定依据；没有依据的，不得作为办理行政审批的条件。中介服务机构应当明确办理法定行政审批中介服务的条件、流程、时限、收费标准，并向社会公开。

国家加快推进中介服务机构与行政机关脱钩。行政机关不得为市场主体指定或者变相指定中介服务机构；除法定行政审批中介服务外，不得强制或者变相强制市场主体接受中介服务。行政机关所属事业单位、主管的社会组织及其举办的企业不得开展与本机关所负责行政审批相关的中介服务，法律、行政法规另有规定的除外。

行政机关在行政审批过程中需要委托中介服务机构开展技术性服务的，应当通过竞争性方式选择中介服务机构，并自行承担服务费用，不得转嫁给市场主体承担。

第四十四条 证明事项应当有法律、法规或者国务院决定依据。

设定证明事项，应当坚持确有必要、从严控制的原则。对通过法定证照、法定文书、书面告知承诺、政府部门内部核查和部门间核查、网络核验、合同凭证等能够办理，能够被其他材料涵盖或者替代，以及开具单位无法调查核实的，不得设定证明事项。

政府有关部门应当公布证明事项清单，逐项列明设定依据、索要单位、开具单位、办理指南等。清单之外，政府部门、公用企事业单位和服务机构不得索要证明。各地区、各部门之间应当加强证明的互认共享，避免重复索要证明。

第四十五条 政府及其有关部门应当按照国家促进跨境贸易便利化的有关要求，依法削减进出口环节审批事项，取消不必要的监管要求，优化简化通关流程，提高通关效率，清理规范口岸收费，降低通关成本，推动口岸和国际贸易领域相关业务统一通过国际贸易“单一窗口”办理。

第四十六条 税务机关应当精简办税资料和流程，简并申报缴税次数，公开涉税事项办理时限，压减办税时间，加大推广使用电子发票的力度，逐步实现全程网上办税，持续优化纳税服务。

第四十七条 不动产登记机构应当按照国家有关规定，加强部门协作，实行不动产登记、交易和缴税一窗受理、并行办理，压缩办理时间，降低办理成本。在国家规定的不动产登记时限内，各地区应当确定并公开具体办理时间。

国家推动建立统一的动产和权利担保登记公示系统，逐步实现市场主体在一个平台上办理动产和权利担保登记。纳入统一登记公示系统的动产和权利范围另行规定。

第四十八条 政府及其有关部门应当按照构建亲清新型政商关系的要求，建立畅通有效的政企沟通机制，采取多种方式及时听取市场主体的反映和诉求，了解市场主体生产经营中遇到的困难和问题，并依法帮助其解决。

建立政企沟通机制，应当充分尊重市场主体意愿，增强针对性和有效性，不得干扰市场主体正常生产经营活动，不得增加市场主体负担。

第四十九条 政府及其有关部门应当建立便利、畅通的渠道，受理有关营商环境的投诉和举报。

第五十条 新闻媒体应当及时、准确宣传优化营商环境的措施和成效，为优化营商环境创造良好舆论氛围。

国家鼓励对营商环境进行舆论监督，但禁止捏造虚假信息或者歪曲事实进行不实报道。

第五章　监管执法

第五十一条 政府有关部门应当严格按照法律法规和职责，落实监管责任，明确监管对象和范围、厘清监管事权，依法对市场主体进行监管，实现监管全覆盖。

第五十二条 国家健全公开透明的监管规则和标准体系。国务院有关部门应当分领域制定全国统一、简明易行的监管规则和标准，并向社会公开。

第五十三条 政府及其有关部门应当按照国家关于加快构建以信用为基础的新型监管机制的要求，创新和完善信用监管，强化信用监管的支撑保障，加强信用监管的组织实施，不断提升信用监管效能。

第五十四条 国家推行“双随机、一公开”监管，除直接涉及公共安全和人民群众生命健康等特殊行业、重点领域外，市场监管领域的行政检查应当通过随机抽取检查对象、随机选派执法检查人员、抽查事项及查处结果及时向社会公开的方式进行。针对同一检查对象的多个检查事项，应当尽可能合并或者纳入跨部门联合抽查范围。

对直接涉及公共安全和人民群众生命健康等特殊行业、重点领域，依法依规实行全覆盖的重点监管，并严格规范重点监管的程序；对通过投诉举报、转办交办、数据监测等发现的问题，应当有针对性地进行检查并依法依规处理。

第五十五条 政府及其有关部门应当按照鼓励创新的原则，对新技术、新产业、新业态、新模式等实行包容审慎监管，针对其性质、特点分类制定和实行相应的监管规则和标准，留足发展空间，同时确保质量和安全，不得简单化予以禁止或者不予监管。

第五十六条 政府及其有关部门应当充分运用互联网、大数据等技术手段，依托国家统一建立的在线监管系统，加强监管信息归集共享和关联整合，推行以远程监管、移动监管、预警防控为特征的非现场监管，提升监管的精准化、智能化水平。

第五十七条 国家建立健全跨部门、跨区域行政执法联动响应和协作机制，实现违法线索互联、监管标准互通、处理结果互认。

国家统筹配置行政执法职能和执法资源，在相关领域推行综合行政执法，整合精简执法队伍，减少执法主体和执法层级，提高基层执法能力。

第五十八条　行政执法机关应当按照国家有关规定，全面落实行政执法公示、行政执法全过程记录和重大行政执法决定法制审核制度，实现行政执法信息及时准确公示、行政执法全过程留痕和可回溯管理、重大行政执法决定法制审核全覆盖。

第五十九条　行政执法中应当推广运用说服教育、劝导示范、行政指导等非强制性手段，依法慎重实施行政强制。采用非强制性手段能够达到行政管理目的的，不得实施行政强制；违法行为情节轻微或者社会危害较小的，可以不实施行政强制；确需实施行政强制的，应当尽可能减少对市场主体正常生产经营活动的影响。

开展清理整顿、专项整治等活动，应当严格依法进行，除涉及人民群众生命安全、发生重特大事故或者举办国家重大活动，并报经有权机关批准外，不得在相关区域采取要求相关行业、领域的市场主体普遍停产、停业的措施。

禁止将罚没收入与行政执法机关利益挂钩。

第六十条　国家健全行政执法自由裁量基准制度，合理确定裁量范围、种类和幅度，规范行政执法自由裁量权的行使。

第六章　法治保障

第六十一条　国家根据优化营商环境需要，依照法定权限和程序及时制定或者修改、废止有关法律、法规、规章、行政规范性文件。

优化营商环境的改革措施涉及调整实施现行法律、行政法规等有关规定的，依照法定程序经有权机关授权后，可以先行先试。

第六十二条　制定与市场主体生产经营活动密切相关的行政法规、规章、行政规范性文件，应当按照国务院的规定，充分听取市场主体、行业协会商会的意见。

除依法需要保密外，制定与市场主体生产经营活动密切相关的行政法规、规章、行政规范性文件，应当通过报纸、网络等向社会公开征求意见，并建立健全意见采纳情况反馈机制。向社会公开征求意见的期限一般不少于30日。

第六十三条 制定与市场主体生产经营活动密切相关的行政法规、规章、行政规范性文件，应当按照国务院的规定进行公平竞争审查。

制定涉及市场主体权利义务的行政规范性文件，应当按照国务院的规定进行合法性审核。

市场主体认为地方性法规同行政法规相抵触，或者认为规章同法律、行政法规相抵触的，可以向国务院书面提出审查建议，由有关机关按照规定程序处理。

第六十四条 没有法律、法规或者国务院决定和命令依据的，行政规范性文件不得减损市场主体合法权益或者增加其义务，不得设置市场准入和退出条件，不得干预市场主体正常生产经营活动。

涉及市场主体权利义务的行政规范性文件应当按照法定要求和程序予以公布，未经公布的不得作为行政管理依据。

第六十五条 制定与市场主体生产经营活动密切相关的行政法规、规章、行政规范性文件，应当结合实际，确定是否为市场主体留出必要的适应调整期。

政府及其有关部门应当统筹协调、合理把握规章、行政规范性文件等的出台节奏，全面评估政策效果，避免因政策叠加或者相互不协调对市场主体正常生产经营活动造成不利影响。

第六十六条 国家完善调解、仲裁、行政裁决、行政复议、诉讼等有机衔接、相互协调的多元化纠纷解决机制，为市场主体提供高效、便捷的纠纷解决途径。

第六十七条 国家加强法治宣传教育，落实国家机关普法责任制，提高国家工作人员依法履职能力，引导市场主体合法经营、依法维护自身合法权益，不断增强全社会的法治意识，为营造法治化营商环境提供基础性支撑。

第六十八条　政府及其有关部门应当整合律师、公证、司法鉴定、调解、仲裁等公共法律服务资源，加快推进公共法律服务体系建设，全面提升公共法律服务能力和水平，为优化营商环境提供全方位法律服务。

第六十九条　政府和有关部门及其工作人员有下列情形之一的，依法依规追究责任：

（一）违法干预应当由市场主体自主决策的事项；

（二）制定或者实施政策措施不依法平等对待各类市场主体；

（三）违反法定权限、条件、程序对市场主体的财产和企业经营者个人财产实施查封、冻结和扣押等行政强制措施；

（四）在法律、法规规定之外要求市场主体提供财力、物力或者人力；

（五）没有法律、法规依据，强制或者变相强制市场主体参加评比、达标、表彰、培训、考核、考试以及类似活动，或者借前述活动向市场主体收费或者变相收费；

（六）违法设立或者在目录清单之外执行政府性基金、涉企行政事业性收费、涉企保证金；

（七）不履行向市场主体依法作出的政策承诺以及依法订立的各类合同，或者违约拖欠市场主体的货物、工程、服务等账款；

（八）变相设定或者实施行政许可，继续实施或者变相实施已取消的行政许可，或者转由行业协会商会或者其他组织实施已取消的行政许可；

（九）为市场主体指定或者变相指定中介服务机构，或者违法强制市场主体接受中介服务；

（十）制定与市场主体生产经营活动密切相关的行政法规、规章、行政规范性文件时，不按照规定听取市场主体、行业协会商会的意见；

（十一）其他不履行优化营商环境职责或者损害营商环境的情形。

第七十条 公用企事业单位有下列情形之一的，由有关部门责令改正，依法追究法律责任：

（一）不向社会公开服务标准、资费标准、办理时限等信息；

（二）强迫市场主体接受不合理的服务条件；

（三）向市场主体收取不合理费用。

第七十一条 行业协会商会、中介服务机构有下列情形之一的，由有关部门责令改正，依法追究法律责任：

（一）违法开展收费、评比、认证等行为；

（二）违法干预市场主体加入或者退出行业协会商会等社会组织；

（三）没有法律、法规依据，强制或者变相强制市场主体参加评比、达标、表彰、培训、考核、考试以及类似活动，或者借前述活动向市场主体收费或者变相收费；

（四）不向社会公开办理法定行政审批中介服务的条件、流程、时限、收费标准；

（五）违法强制或者变相强制市场主体接受中介服务。

第七章 附 则

第七十二条 本条例自2020年1月1日起施行。

二 公平竞争

中华人民共和国反不正当竞争法（节录）

（1993年9月2日第八届全国人民代表大会常务委员会第三次会议通过　2017年11月4日第十二届全国人民代表大会常务委员会第三十次会议修订　根据2019年4月23日第十三届全国人民代表大会常务委员会第十次会议《关于修改〈中华人民共和国建筑法〉等八部法律的决定》修正）

……

第二章　不正当竞争行为

第六条　经营者不得实施下列混淆行为，引人误认为是他人商品或者与他人存在特定联系：

（一）擅自使用与他人有一定影响的商品名称、包装、装潢等相同或者近似的标识；

（二）擅自使用他人有一定影响的企业名称（包括简称、字号等）、社会组织名称（包括简称等）、姓名（包括笔名、艺名、译名等）；

（三）擅自使用他人有一定影响的域名主体部分、网站名称、网页等；

（四）其他足以引人误认为是他人商品或者与他人存在特定联系的混淆行为。

第七条 经营者不得采用财物或者其他手段贿赂下列单位或者个人，以谋取交易机会或者竞争优势：

（一）交易相对方的工作人员；

（二）受交易相对方委托办理相关事务的单位或者个人；

（三）利用职权或者影响力影响交易的单位或者个人。

经营者在交易活动中，可以以明示方式向交易相对方支付折扣，或者向中间人支付佣金。经营者向交易相对方支付折扣、向中间人支付佣金的，应当如实入账。接受折扣、佣金的经营者也应当如实入账。

经营者的工作人员进行贿赂的，应当认定为经营者的行为；但是，经营者有证据证明该工作人员的行为与为经营者谋取交易机会或者竞争优势无关的除外。

第八条 经营者不得对其商品的性能、功能、质量、销售状况、用户评价、曾获荣誉等作虚假或者引人误解的商业宣传，欺骗、误导消费者。

经营者不得通过组织虚假交易等方式，帮助其他经营者进行虚假或者引人误解的商业宣传。

第九条 经营者不得实施下列侵犯商业秘密的行为：

（一）以盗窃、贿赂、欺诈、胁迫、电子侵入或者其他不正当手段获取权利人的商业秘密；

（二）披露、使用或者允许他人使用以前项手段获取的权利人的商业秘密；

（三）违反保密义务或者违反权利人有关保守商业秘密的要求，披露、使用或者允许他人使用其所掌握的商业秘密；

（四）教唆、引诱、帮助他人违反保密义务或者违反权利人有关保守商业秘密的要求，获取、披露、使用或者允许他人使用权利人的商业秘密。

经营者以外的其他自然人、法人和非法人组织实施前款所列违法行为的，视为侵犯商业秘密。

第三人明知或者应知商业秘密权利人的员工、前员工或者其他单位、个人实施本条第一款所列违法行为，仍获取、披露、使用或者允许他人使用该商业秘密的，视为侵犯商业秘密。

本法所称的商业秘密，是指不为公众所知悉、具有商业价值并经权利人采取相应保密措施的技术信息、经营信息等商业信息。

第十条 经营者进行有奖销售不得存在下列情形：

（一）所设奖的种类、兑奖条件、奖金金额或者奖品等有奖销售信息不明确，影响兑奖；

（二）采用谎称有奖或者故意让内定人员中奖的欺骗方式进行有奖销售；

（三）抽奖式的有奖销售，最高奖的金额超过五万元。

第十一条 经营者不得编造、传播虚假信息或者误导性信息，损害竞争对手的商业信誉、商品声誉。

第十二条 经营者利用网络从事生产经营活动，应当遵守本法的各项规定。

经营者不得利用技术手段，通过影响用户选择或者其他方式，实施下列妨碍、破坏其他经营者合法提供的网络产品或者服务正常运行的行为：

（一）未经其他经营者同意，在其合法提供的网络产品或者服务中，插入链接、强制进行目标跳转；

（二）误导、欺骗、强迫用户修改、关闭、卸载其他经营者合法提供的网络产品或者服务；

（三）恶意对其他经营者合法提供的网络产品或者服务实施不兼容；

（四）其他妨碍、破坏其他经营者合法提供的网络产品或者服务正常运行的行为。

第三章　对涉嫌不正当竞争行为的调查

第十三条　监督检查部门调查涉嫌不正当竞争行为，可以采取下列措施：

（一）进入涉嫌不正当竞争行为的经营场所进行检查；

（二）询问被调查的经营者、利害关系人及其他有关单位、个人，要求其说明有关情况或者提供与被调查行为有关的其他资料；

（三）查询、复制与涉嫌不正当竞争行为有关的协议、账簿、单据、文件、记录、业务函电和其他资料；

（四）查封、扣押与涉嫌不正当竞争行为有关的财物；

（五）查询涉嫌不正当竞争行为的经营者的银行账户。

采取前款规定的措施，应当向监督检查部门主要负责人书面报告，并经批准。采取前款第四项、第五项规定的措施，应当向设区的市级以上人民政府监督检查部门主要负责人书面报告，并经批准。

监督检查部门调查涉嫌不正当竞争行为，应当遵守《中华人民共和国行政强制法》和其他有关法律、行政法规的规定，并应当将查处结果及时向社会公开。

第十四条　监督检查部门调查涉嫌不正当竞争行为，被调查的经营者、利害关系人及其他有关单位、个人应当如实提供有关资料或者情况。

第十五条　监督检查部门及其工作人员对调查过程中知悉的商业秘密负有保密义务。

第十六条　对涉嫌不正当竞争行为，任何单位和个人有权向监督检查部门举报，监督检查部门接到举报后应当依法及时处理。

监督检查部门应当向社会公开受理举报的电话、信箱或者电子邮件地址，并为举报人保密。对实名举报并提供相关事实和证据的，监督检查部门应当将处理结果告知举报人。

……

公平竞争审查条例

（2024年5月11日国务院第32次常务会议通过 2024年6月6日中华人民共和国国务院令第783号公布 自2024年8月1日起施行）

第一章 总 则

第一条 为了规范公平竞争审查工作，促进市场公平竞争，优化营商环境，建设全国统一大市场，根据《中华人民共和国反垄断法》等法律，制定本条例。

第二条 起草涉及经营者经济活动的法律、行政法规、地方性法规、规章、规范性文件以及具体政策措施（以下统称政策措施），行政机关和法律、法规授权的具有管理公共事务职能的组织（以下统称起草单位）应当依照本条例规定开展公平竞争审查。

第三条 公平竞争审查工作坚持中国共产党的领导，贯彻党和国家路线方针政策和决策部署。

国家加强公平竞争审查工作，保障各类经营者依法平等使用生产要素、公平参与市场竞争。

第四条 国务院建立公平竞争审查协调机制，统筹、协调和指导全国公平竞争审查工作，研究解决公平竞争审查工作中的重大问题，评估全国公平竞争审查工作情况。

第五条 县级以上地方人民政府应当建立健全公平竞争审查工作机制，保障公平竞争审查工作力量，并将公平竞争审查工作经费纳入本级政府预算。

第六条 国务院市场监督管理部门负责指导实施公平竞争审查制度，督促有关部门和地方开展公平竞争审查工作。

县级以上地方人民政府市场监督管理部门负责在本行政区域组织实施公平竞争审查制度。

第七条 县级以上人民政府将公平竞争审查工作情况纳入法治政府建设、优化营商环境等考核评价内容。

第二章 审查标准

第八条 起草单位起草的政策措施，不得含有下列限制或者变相限制市场准入和退出的内容：

（一）对市场准入负面清单以外的行业、领域、业务等违法设置审批程序；

（二）违法设置或者授予特许经营权；

（三）限定经营、购买或者使用特定经营者提供的商品或者服务（以下统称商品）；

（四）设置不合理或者歧视性的准入、退出条件；

（五）其他限制或者变相限制市场准入和退出的内容。

第九条 起草单位起草的政策措施，不得含有下列限制商品、要素自由流动的内容：

（一）限制外地或者进口商品、要素进入本地市场，或者阻碍本地经营者迁出，商品、要素输出；

（二）排斥、限制、强制或者变相强制外地经营者在本地投资经营或者设立分支机构；

（三）排斥、限制或者变相限制外地经营者参加本地政府采购、招标投标；

（四）对外地或者进口商品、要素设置歧视性收费项目、收费标准、价格或者补贴；

（五）在资质标准、监管执法等方面对外地经营者在本地投资经营设置歧视性要求；

（六）其他限制商品、要素自由流动的内容。

第十条 起草单位起草的政策措施，没有法律、行政法规依据或者未经国务院批准，不得含有下列影响生产经营成本的内容：

（一）给予特定经营者税收优惠；

（二）给予特定经营者选择性、差异化的财政奖励或者补贴；

（三）给予特定经营者要素获取、行政事业性收费、政府性基金、社会保险费等方面的优惠；

（四）其他影响生产经营成本的内容。

第十一条 起草单位起草的政策措施，不得含有下列影响生产经营行为的内容：

（一）强制或者变相强制经营者实施垄断行为，或者为经营者实施垄断行为提供便利条件；

（二）超越法定权限制定政府指导价、政府定价，为特定经营者提供优惠价格；

（三）违法干预实行市场调节价的商品、要素的价格水平；

（四）其他影响生产经营行为的内容。

第十二条 起草单位起草的政策措施，具有或者可能具有排除、限制竞争效果，但符合下列情形之一，且没有对公平竞争影响更小的替代方案，并能够确定合理的实施期限或者终止条件的，可以出台：

（一）为维护国家安全和发展利益的；

（二）为促进科学技术进步、增强国家自主创新能力的；

（三）为实现节约能源、保护环境、救灾救助等社会公共利益的；

（四）法律、行政法规规定的其他情形。

第三章 审查机制

第十三条 拟由部门出台的政策措施，由起草单位在起草阶段开展公平竞争审查。

拟由多个部门联合出台的政策措施，由牵头起草单位在起草阶段开展公平竞争审查。

第十四条 拟由县级以上人民政府出台或者提请本级人民代表大会及其常务委员会审议的政策措施，由本级人民政府市场监督管理部门会同起草单位在起草阶段开展公平竞争审查。起草单位应当开展初审，并将政策措施草案和初审意见送市场监督管理部门审查。

第十五条 国家鼓励有条件的地区探索建立跨区域、跨部门的公平竞争审查工作机制。

第十六条 开展公平竞争审查，应当听取有关经营者、行业协会商会等利害关系人关于公平竞争影响的意见。涉及社会公众利益的，应当听取社会公众意见。

第十七条 开展公平竞争审查，应当按照本条例规定的审查标准，在评估对公平竞争影响后，作出审查结论。

适用本条例第十二条规定的，应当在审查结论中详细说明。

第十八条 政策措施未经公平竞争审查，或者经公平竞争审查认为违反本条例第八条至第十一条规定且不符合第十二条规定情形的，不得出台。

第十九条 有关部门和单位、个人对在公平竞争审查过程中知悉的国家秘密、商业秘密和个人隐私，应当依法予以保密。

第四章 监督保障

第二十条 国务院市场监督管理部门强化公平竞争审查工作监督保障，建立健全公平竞争审查抽查、举报处理、督查等机制。

第二十一条 市场监督管理部门建立健全公平竞争审查抽查机制，组织对有关政策措施开展抽查，经核查发现违反本条例规定的，应当督促起草单位进行整改。

市场监督管理部门应当向本级人民政府报告抽查情况，抽查结果可以向社会公开。

第二十二条 对违反本条例规定的政策措施，任何单位和个人可以向市场监督管理部门举报。市场监督管理部门接到举报后，应当及时处理或者转送有关部门处理。

市场监督管理部门应当向社会公开受理举报的电话、信箱或者电子邮件地址。

第二十三条 国务院定期对县级以上地方人民政府公平竞争审查工作机制建设情况、公平竞争审查工作开展情况、举报处理情况等开展督查。国务院市场监督管理部门负责具体实施。

第二十四条 起草单位未依照本条例规定开展公平竞争审查，经市场监督管理部门督促，逾期仍未整改的，上一级市场监督管理部门可以对其负责人进行约谈。

第二十五条 未依照本条例规定开展公平竞争审查，造成严重不良影响的，对起草单位直接负责的主管人员和其他直接责任人员依法给予处分。

第五章 附 则

第二十六条 国务院市场监督管理部门根据本条例制定公平竞争审查的具体实施办法。

第二十七条 本条例自 2024 年 8 月 1 日起施行。

三 投资融资促进

中华人民共和国商业银行法（节录）

（1995年5月10日第八届全国人民代表大会常务委员会第十三次会议通过　根据2003年12月27日第十届全国人民代表大会常务委员会第六次会议《关于修改〈中华人民共和国商业银行法〉的决定》第一次修正　根据2015年8月29日第十二届全国人民代表大会常务委员会第十六次会议《关于修改〈中华人民共和国商业银行法〉的决定》第二次修正）

……

第四章　贷款和其他业务的基本规则

第三十四条　商业银行根据国民经济和社会发展的需要，在国家产业政策指导下开展贷款业务。

第三十五条　商业银行贷款，应当对借款人的借款用途、偿还能力、还款方式等情况进行严格审查。

商业银行贷款，应当实行审贷分离、分级审批的制度。

第三十六条　商业银行贷款，借款人应当提供担保。商业银行应当对保证人的偿还能力，抵押物、质物的权属和价值以及实现抵押权、质权的可行性进行严格审查。

经商业银行审查、评估，确认借款人资信良好，确能偿还贷款的，可以不提供担保。

第三十七条 商业银行贷款，应当与借款人订立书面合同。合同应当约定贷款种类、借款用途、金额、利率、还款期限、还款方式、违约责任和双方认为需要约定的其他事项。

第三十八条 商业银行应当按照中国人民银行规定的贷款利率的上下限，确定贷款利率。

第三十九条 商业银行贷款，应当遵守下列资产负债比例管理的规定：

（一）资本充足率不得低于百分之八；

（二）流动性资产余额与流动性负债余额的比例不得低于百分之二十五；

（三）对同一借款人的贷款余额与商业银行资本余额的比例不得超过百分之十；

（四）国务院银行业监督管理机构对资产负债比例管理的其他规定。

本法施行前设立的商业银行，在本法施行后，其资产负债比例不符合前款规定的，应当在一定的期限内符合前款规定。具体办法由国务院规定。

第四十条 商业银行不得向关系人发放信用贷款；向关系人发放担保贷款的条件不得优于其他借款人同类贷款的条件。

前款所称关系人是指：

（一）商业银行的董事、监事、管理人员、信贷业务人员及其近亲属；

（二）前项所列人员投资或者担任高级管理职务的公司、企业和其他经济组织。

第四十一条 任何单位和个人不得强令商业银行发放贷款或者提供担保。商业银行有权拒绝任何单位和个人强令要求其发放贷款或者提供担保。

第四十二条 借款人应当按期归还贷款的本金和利息。

借款人到期不归还担保贷款的，商业银行依法享有要求保证人归还贷款本金和利息或者就该担保物优先受偿的权利。商业银行因行使抵押权、质权而取得的不动产或者股权，应当自取得之日起二年内予以处分。

借款人到期不归还信用贷款的，应当按照合同约定承担责任。

第四十三条 商业银行在中华人民共和国境内不得从事信托投资和证券经营业务，不得向非自用不动产投资或者向非银行金融机构和企业投资，但国家另有规定的除外。

第四十四条 商业银行办理票据承兑、汇兑、委托收款等结算业务，应当按照规定的期限兑现，收付入账，不得压单、压票或者违反规定退票。有关兑现、收付入账期限的规定应当公布。

第四十五条 商业银行发行金融债券或者到境外借款，应当依照法律、行政法规的规定报经批准。

第四十六条 同业拆借，应当遵守中国人民银行的规定。禁止利用拆入资金发放固定资产贷款或者用于投资。

拆出资金限于交足存款准备金、留足备付金和归还中国人民银行到期贷款之后的闲置资金。拆入资金用于弥补票据结算、联行汇差头寸的不足和解决临时性周转资金的需要。

第四十七条 商业银行不得违反规定提高或者降低利率以及采用其他不正当手段，吸收存款，发放贷款。

第四十八条 企业事业单位可以自主选择一家商业银行的营业场所开立一个办理日常转账结算和现金收付的基本账户，不得开立两个以上基本账户。

任何单位和个人不得将单位的资金以个人名义开立账户存储。

第四十九条 商业银行的营业时间应当方便客户，并予以公告。商业银行应当在公告的营业时间内营业，不得擅自停止营业或者缩短营业时间。

第五十条 商业银行办理业务，提供服务，按照规定收取手续费。收费项目和标准由国务院银行业监督管理机构、中国人民银行根据职责分工，分别会同国务院价格主管部门制定。

第五十一条 商业银行应当按照国家有关规定保存财务会计报表、业务合同以及其他资料。

第五十二条 商业银行的工作人员应当遵守法律、行政法规和其他各项业务管理的规定，不得有下列行为：

（一）利用职务上的便利，索取、收受贿赂或者违反国家规定收受各种名义的回扣、手续费；

（二）利用职务上的便利，贪污、挪用、侵占本行或者客户的资金；

（三）违反规定徇私向亲属、朋友发放贷款或者提供担保；

（四）在其他经济组织兼职；

（五）违反法律、行政法规和业务管理规定的其他行为。

第五十三条 商业银行的工作人员不得泄露其在任职期间知悉的国家秘密、商业秘密。

……

私募投资基金监督管理条例（节录）

（2023年6月16日国务院第8次常务会议通过 2023年7月3日中华人民共和国国务院令第762号公布 自2023年9月1日起施行）

……

第四章 关于创业投资基金的特别规定

第三十五条 本条例所称创业投资基金，是指符合下列条件的私募基金：

（一）投资范围限于未上市企业，但所投资企业上市后基金所持股份的未转让部分及其配售部分除外；

（二）基金名称包含"创业投资基金"字样，或者在公司、合伙企业经营范围中包含"从事创业投资活动"字样；

（三）基金合同体现创业投资策略；

（四）不使用杠杆融资，但国家另有规定的除外；

（五）基金最低存续期限符合国家有关规定；

（六）国家规定的其他条件。

第三十六条 国家对创业投资基金给予政策支持，鼓励和引导其投资成长性、创新性创业企业，鼓励长期资金投资于创业投资基金。

国务院发展改革部门负责组织拟定促进创业投资基金发展的政策措施。国务院证券监督管理机构和国务院发展改革部门建立健全信息和支持政策共享机制，加强创业投资基金监督管理政策和发展政策的协同配合。登记备案机构应当及时向国务院证券监督管理机构和国务院发展改革部门报送与创业投资基金相关的信息。

享受国家政策支持的创业投资基金，其投资应当符合国家有关规定。

第三十七条 国务院证券监督管理机构对创业投资基金实施区别于其他私募基金的差异化监督管理：

（一）优化创业投资基金营商环境，简化登记备案手续；

（二）对合法募资、合规投资、诚信经营的创业投资基金在资金募集、投资运作、风险监测、现场检查等方面实施差异化监督管理，减少检查频次；

（三）对主要从事长期投资、价值投资、重大科技成果转化的创业投资基金在投资退出等方面提供便利。

第三十八条 登记备案机构在登记备案、事项变更等方面对创业投资基金实施区别于其他私募基金的差异化自律管理。

……

❖ 典型案例 ❖

某信托公司与某能源开发公司等金融借款合同纠纷案[①]

【基本案情】

2013年5月30日，某信托公司与某能源开发公司（借款人）签订《信托贷款合同》，约定分期发放贷款4.1亿元，贷款期限30个月，并就利息、罚息、违约金等进行了约定。2014年6月20日，某能源开发公司与某信托公司签订《财务顾问协议》，约定某能源开发公司根据贷款发放进度分期支付财务顾问费用3405万元。后因某能源开发公司未能如期还款，某信托公司诉至法院。

【裁判结果】

一审判令某能源开发公司向某信托公司支付借款本金3.893亿元及利息，以及按日0.05%标准计算的违约金，按借款总额支付20%的违约金等。最高人民法院二审认为，因某信托公司不能举证证明其为某能源开发公司提供了何种具体的财务顾问服务，应当认定其未提供。结合贷款实际发放和某能源开发公司支付财务顾问费的时间，财务顾问费分期支付之时，某信托公司的贷款尚未发放完成，应当认定案涉3405万元财务顾问费为预先收取的利息，并在计算欠款本金时予以扣除。另外，《信托贷款合同》约定了贷款期限的

---

① 参见《人民法院助推民营经济高质量发展典型民商事案例》之案例4，载最高人民法院网站，https：//www. court. gov. cn/zixun/xiangqing/320231. html，2025年4月30日访问。本书收录时略有修改，以下同一出处案例不再特别提示。

前24个月按12%计息，后6个月按14%计息，逾期贷款本金按贷款日利率的150%按日计收罚息，并对应付未付利息按贷款日利率的150%按日计收复利；不按约定归集资金的，按贷款本金余额的0.05%按日计收违约金（年化为18%），未及时偿还全部借款的，还应另行支付已发放贷款本金20%的违约金。加上作为“砍头息”收取的财务顾问费用3405万元约为贷款总额的8.3%，贷款人某信托公司同时主张的利息、复利、罚息、违约金和其他费用过高，显著背离实际损失，应当依法予以调减。

【典型意义】

坚持以人民为中心的发展思想，就是要在高质量发展中促进共同富裕，正确处理效率和公平的关系，取缔非法收入，切实降低实体企业的实际融资成本，促进社会公平正义。该案贷款人共计借出款项4.098亿元，同时以财务顾问费的形式，在每次放款前均要求借款人提前支付“砍头息”，共计3405万元，约为贷款总额的8.3%。二审法院因贷款人不能举证证明其为借款人具体提供了何种财务顾问服务，故认定其实际未提供财务顾问服务，将收取的高额财务顾问费用认定为以顾问费名义预先收取利息，在计算欠款本金时予以扣除。同时，原借款合同约定了非常复杂的利息、复利、罚息、违约金以及其他费用的计算方式，给实体企业增加了沉重的违约负担。二审依法予以调整，体现了人民法院秉持以人民为中心促进共同富裕的理念，依法保护合法收入，坚决取缔非法收入。

【案件案号】

一审：北京市高级人民法院（2016）京民初77号；二审：最高人民法院（2019）最高法民终1081号

四 科技创新

中华人民共和国促进科技成果转化法（节录）

（1996年5月15日第八届全国人民代表大会常务委员会第十九次会议通过　根据2015年8月29日第十二届全国人民代表大会常务委员会第十六次会议《关于修改〈中华人民共和国促进科技成果转化法〉的决定》修正）

……

第三章　保障措施

第三十三条　科技成果转化财政经费，主要用于科技成果转化的引导资金、贷款贴息、补助资金和风险投资以及其他促进科技成果转化的资金用途。

第三十四条　国家依照有关税收法律、行政法规规定对科技成果转化活动实行税收优惠。

第三十五条　国家鼓励银行业金融机构在组织形式、管理机制、金融产品和服务等方面进行创新，鼓励开展知识产权质押贷款、股权质押贷款等贷款业务，为科技成果转化提供金融支持。

国家鼓励政策性金融机构采取措施，加大对科技成果转化的金融支持。

第三十六条　国家鼓励保险机构开发符合科技成果转化特点的保险品种，为科技成果转化提供保险服务。

第三十七条 国家完善多层次资本市场，支持企业通过股权交易、依法发行股票和债券等直接融资方式为科技成果转化项目进行融资。

第三十八条 国家鼓励创业投资机构投资科技成果转化项目。

国家设立的创业投资引导基金，应当引导和支持创业投资机构投资初创期科技型中小企业。

第三十九条 国家鼓励设立科技成果转化基金或者风险基金，其资金来源由国家、地方、企业、事业单位以及其他组织或者个人提供，用于支持高投入、高风险、高产出的科技成果的转化，加速重大科技成果的产业化。

科技成果转化基金和风险基金的设立及其资金使用，依照国家有关规定执行。

第四章 技术权益

第四十条 科技成果完成单位与其他单位合作进行科技成果转化的，应当依法由合同约定该科技成果有关权益的归属。合同未作约定的，按照下列原则办理：

（一）在合作转化中无新的发明创造的，该科技成果的权益，归该科技成果完成单位；

（二）在合作转化中产生新的发明创造的，该新发明创造的权益归合作各方共有；

（三）对合作转化中产生的科技成果，各方都有实施该项科技成果的权利，转让该科技成果应经合作各方同意。

第四十一条 科技成果完成单位与其他单位合作进行科技成果转化的，合作各方应当就保守技术秘密达成协议；当事人不得违反协议或者违反权利人有关保守技术秘密的要求，披露、允许他人使用该技术。

第四十二条 企业、事业单位应当建立健全技术秘密保护制度，保护本单位的技术秘密。职工应当遵守本单位的技术秘密保护制度。

企业、事业单位可以与参加科技成果转化的有关人员签订在职期间或者离职、离休、退休后一定期限内保守本单位技术秘密的协议；有关人员不得违反协议约定，泄露本单位的技术秘密和从事与原单位相同的科技成果转化活动。

职工不得将职务科技成果擅自转让或者变相转让。

第四十三条 国家设立的研究开发机构、高等院校转化科技成果所获得的收入全部留归本单位，在对完成、转化职务科技成果做出重要贡献的人员给予奖励和报酬后，主要用于科学技术研究开发与成果转化等相关工作。

第四十四条 职务科技成果转化后，由科技成果完成单位对完成、转化该项科技成果做出重要贡献的人员给予奖励和报酬。

科技成果完成单位可以规定或者与科技人员约定奖励和报酬的方式、数额和时限。单位制定相关规定，应当充分听取本单位科技人员的意见，并在本单位公开相关规定。

第四十五条 科技成果完成单位未规定、也未与科技人员约定奖励和报酬的方式和数额的，按照下列标准对完成、转化职务科技成果做出重要贡献的人员给予奖励和报酬：

（一）将该项职务科技成果转让、许可给他人实施的，从该项科技成果转让净收入或者许可净收入中提取不低于百分之五十的比例；

（二）利用该项职务科技成果作价投资的，从该项科技成果形成的股份或者出资比例中提取不低于百分之五十的比例；

（三）将该项职务科技成果自行实施或者与他人合作实施的，应当在实施转化成功投产后连续三至五年，每年从实施该项科技成果的营业利润中提取不低于百分之五的比例。

国家设立的研究开发机构、高等院校规定或者与科技人员约定奖励和报酬的方式和数额应当符合前款第一项至第三项规定的标准。

国有企业、事业单位依照本法规定对完成、转化职务科技成果做出重要贡献的人员给予奖励和报酬的支出计入当年本单位工资总额，但不受当年本单位工资总额限制、不纳入本单位工资总额基数。

……

中华人民共和国科学技术进步法（节录）

（1993 年 7 月 2 日第八届全国人民代表大会常务委员会第二次会议通过　2007 年 12 月 29 日第十届全国人民代表大会常务委员会第三十一次会议第一次修订　2021 年 12 月 24 日第十三届全国人民代表大会常务委员会第三十二次会议第二次修订　2021 年 12 月 24 日中华人民共和国主席令第 103 号公布　自 2022 年 1 月 1 日起施行）

……

第四章　企业科技创新

第三十九条　国家建立以企业为主体，以市场为导向，企业同科学技术研究开发机构、高等学校紧密合作的技术创新体系，引导和扶持企业技术创新活动，支持企业牵头国家科技攻关任务，发挥企业在技术创新中的主体作用，推动企业成为技术创新决策、科研投入、组织科研和成果转化的主体，促进各类创新要素向企业集聚，提高企业技术创新能力。

国家培育具有影响力和竞争力的科技领军企业，充分发挥科技领军企业的创新带动作用。

第四十条　国家鼓励企业开展下列活动：

（一）设立内部科学技术研究开发机构；

（二）同其他企业或者科学技术研究开发机构、高等学校开展合作研究，联合建立科学技术研究开发机构和平台，设立科技企业孵化机构和创新创业平台，或者以委托等方式开展科学技术研究开发；

（三）培养、吸引和使用科学技术人员；

（四）同科学技术研究开发机构、高等学校、职业院校或者培训机构联合培养专业技术人才和高技能人才，吸引高等学校毕业生到企业工作；

（五）设立博士后工作站或者流动站；

（六）结合技术创新和职工技能培训，开展科学技术普及活动，设立向公众开放的普及科学技术的场馆或者设施。

第四十一条 国家鼓励企业加强原始创新，开展技术合作与交流，增加研究开发和技术创新的投入，自主确立研究开发课题，开展技术创新活动。

国家鼓励企业对引进技术进行消化、吸收和再创新。

企业开发新技术、新产品、新工艺发生的研究开发费用可以按照国家有关规定，税前列支并加计扣除，企业科学技术研究开发仪器、设备可以加速折旧。

第四十二条 国家完善多层次资本市场，建立健全促进科技创新的机制，支持符合条件的科技型企业利用资本市场推动自身发展。

国家加强引导和政策扶持，多渠道拓宽创业投资资金来源，对企业的创业发展给予支持。

国家完善科技型企业上市融资制度，畅通科技型企业国内上市融资渠道，发挥资本市场服务科技创新的融资功能。

第四十三条 下列企业按照国家有关规定享受税收优惠：

（一）从事高新技术产品研究开发、生产的企业；

（二）科技型中小企业；

（三）投资初创科技型企业的创业投资企业；

（四）法律、行政法规规定的与科学技术进步有关的其他企业。

第四十四条 国家对公共研究开发平台和科学技术中介、创新创业服务机构的建设和运营给予支持。

公共研究开发平台和科学技术中介、创新创业服务机构应当为中小企业的技术创新提供服务。

第四十五条 国家保护企业研究开发所取得的知识产权。企业应当不断提高知识产权质量和效益，增强自主创新能力和市场竞争能力。

第四十六条 国有企业应当建立健全有利于技术创新的研究开发投入制度、分配制度和考核评价制度，完善激励约束机制。

国有企业负责人对企业的技术进步负责。对国有企业负责人的业绩考核，应当将企业的创新投入、创新能力建设、创新成效等情况纳入考核范围。

第四十七条 县级以上地方人民政府及其有关部门应当创造公平竞争的市场环境，推动企业技术进步。

国务院有关部门和省级人民政府应当通过制定产业、财政、金融、能源、环境保护和应对气候变化等政策，引导、促使企业研究开发新技术、新产品、新工艺，进行技术改造和设备更新，淘汰技术落后的设备、工艺，停止生产技术落后的产品。

……

第九章 保障措施

第八十五条 国家加大财政性资金投入，并制定产业、金融、税收、政府采购等政策，鼓励、引导社会资金投入，推动全社会科学技术研究开发经费持续稳定增长。

第八十六条 国家逐步提高科学技术经费投入的总体水平；国家财政用于科学技术经费的增长幅度，应当高于国家财政经常性收入的增长幅度。全社会科学技术研究开发经费应当占国内生产总值适当的比例，并逐步提高。

第八十七条 财政性科学技术资金应当主要用于下列事项的

投入：

（一）科学技术基础条件与设施建设；

（二）基础研究和前沿交叉学科研究；

（三）对经济建设和社会发展具有战略性、基础性、前瞻性作用的前沿技术研究、社会公益性技术研究和重大共性关键技术研究；

（四）重大共性关键技术应用和高新技术产业化示范；

（五）关系生态环境和人民生命健康的科学技术研究开发和成果的应用、推广；

（六）农业新品种、新技术的研究开发和农业科技成果的应用、推广；

（七）科学技术人员的培养、吸引和使用；

（八）科学技术普及。

对利用财政性资金设立的科学技术研究开发机构，国家在经费、实验手段等方面给予支持。

第八十八条 设立国家科学技术计划，应当按照国家需求，聚焦国家重大战略任务，遵循科学研究、技术创新和成果转化规律。

国家建立科学技术计划协调机制和绩效评估制度，加强专业化管理。

第八十九条 国家设立基金，资助中小企业开展技术创新，推动科技成果转化与应用。

国家在必要时可以设立支持基础研究、社会公益性技术研究、国际联合研究等方面的其他非营利性基金，资助科学技术进步活动。

第九十条 从事下列活动的，按照国家有关规定享受税收优惠：

（一）技术开发、技术转让、技术许可、技术咨询、技术服务；

（二）进口国内不能生产或者性能不能满足需要的科学研究、技术开发或者科学技术普及的用品；

（三）为实施国家重大科学技术专项、国家科学技术计划重大项目，进口国内不能生产的关键设备、原材料或者零部件；

（四）科学技术普及场馆、基地等开展面向公众开放的科学技术普及活动；

（五）捐赠资助开展科学技术活动；

（六）法律、国家有关规定规定的其他科学研究、技术开发与科学技术应用活动。

第九十一条 对境内自然人、法人和非法人组织的科技创新产品、服务，在功能、质量等指标能够满足政府采购需求的条件下，政府采购应当购买；首次投放市场的，政府采购应当率先购买，不得以商业业绩为由予以限制。

政府采购的产品尚待研究开发的，通过订购方式实施。采购人应当优先采用竞争性方式确定科学技术研究开发机构、高等学校或者企业进行研究开发，产品研发合格后按约定采购。

第九十二条 国家鼓励金融机构开展知识产权质押融资业务，鼓励和引导金融机构在信贷、投资等方面支持科学技术应用和高新技术产业发展，鼓励保险机构根据高新技术产业发展的需要开发保险品种，促进新技术应用。

第九十三条 国家遵循统筹规划、优化配置的原则，整合和设置国家科学技术研究实验基地。

国家鼓励设置综合性科学技术实验服务单位，为科学技术研究开发机构、高等学校、企业和科学技术人员提供或者委托他人提供科学技术实验服务。

第九十四条 国家根据科学技术进步的需要，按照统筹规划、突出共享、优化配置、综合集成、政府主导、多方共建的原则，统筹购置大型科学仪器、设备，并开展对以财政性资金为主购置的大型科学仪器、设备的联合评议工作。

第九十五条 国家加强学术期刊建设，完善科研论文和科学技术信息交流机制，推动开放科学的发展，促进科学技术交流和传播。

第九十六条 国家鼓励国内外的组织或者个人捐赠财产、设立科学技术基金，资助科学技术研究开发和科学技术普及。

第九十七条 利用财政性资金设立的科学技术研究开发机构、高等学校和企业，在推进科技管理改革、开展科学技术研究开发、实施科技成果转化活动过程中，相关负责人锐意创新探索，出现决策失误、偏差，但尽到合理注意义务和监督管理职责，未牟取非法利益的，免除其决策责任。

……

国家科学技术奖励条例

（1999年5月23日中华人民共和国国务院令第265号发布 根据2003年12月20日《国务院关于修改〈国家科学技术奖励条例〉的决定》第一次修订 根据2013年7月18日《国务院关于废止和修改部分行政法规的决定》第二次修订 2020年10月7日中华人民共和国国务院令第731号第三次修订 根据2024年5月26日《国务院关于修改〈国家科学技术奖励条例〉的决定》第四次修订）

第一章 总 则

第一条 为了奖励在科学技术进步活动中做出突出贡献的个人、组织，调动科学技术工作者的积极性和创造性，建设创新型国家和世界科技强国，根据《中华人民共和国科学技术进步法》，制定本条例。

第二条 国家设立下列国家科学技术奖：

（一）国家最高科学技术奖；

（二）国家自然科学奖；

（三）国家技术发明奖；

（四）国家科学技术进步奖；

（五）中华人民共和国国际科学技术合作奖。

第三条 国家科学技术奖应当坚持国家战略导向，与国家重大战略需要和中长期科技发展规划紧密结合。国家加大对自然科学基础研究和应用基础研究的奖励。国家自然科学奖应当注重前瞻性、理论性，国家技术发明奖应当注重原创性、实用性，国家科学技术进步奖应当注重创新性、效益性。

第四条 国家科学技术奖励工作坚持党中央集中统一领导，实施创新驱动发展战略，贯彻尊重劳动、尊重知识、尊重人才、尊重创造的方针，培育和践行社会主义核心价值观。

国家科学技术奖励工作重大事项，应当按照有关规定报党中央。

第五条 国家维护国家科学技术奖的公正性、严肃性、权威性和荣誉性，将国家科学技术奖授予追求真理、潜心研究、学有所长、研有所专、敢于超越、勇攀高峰的科技工作者。

国家科学技术奖的提名、评审和授予，不受任何组织或者个人干涉。

第六条 国务院科学技术行政部门负责国家科学技术奖的相关办法制定和评审活动的组织工作。对涉及国家安全的项目，应当采取严格的保密措施。

国家科学技术奖励应当实施绩效管理。

第七条 国家设立国家科学技术奖励委员会。国家科学技术奖励委员会聘请有关方面的专家、学者等组成评审委员会和监督委员会，负责国家科学技术奖的评审和监督工作。

国家科学技术奖励委员会的组成人员人选由国务院科学技术行政部门提出，报党中央、国务院批准。

第二章 国家科学技术奖的设置

第八条 国家最高科学技术奖授予下列中国公民：

（一）在当代科学技术前沿取得重大突破或者在科学技术发展中有卓越建树的；

（二）在科学技术创新、科学技术成果转化和高技术产业化中，创造巨大经济效益、社会效益、生态环境效益或者对维护国家安全做出巨大贡献的。

国家最高科学技术奖不分等级，每次授予人数不超过2名。

第九条 国家自然科学奖授予在基础研究和应用基础研究中阐明自然现象、特征和规律，做出重大科学发现的个人。

前款所称重大科学发现，应当具备下列条件：

（一）前人尚未发现或者尚未阐明；

（二）具有重大科学价值；

（三）得到国内外自然科学界公认。

第十条 国家技术发明奖授予运用科学技术知识做出产品、工艺、材料、器件及其系统等重大技术发明的个人。

前款所称重大技术发明，应当具备下列条件：

（一）前人尚未发明或者尚未公开；

（二）具有先进性、创造性、实用性；

（三）经实施，创造显著经济效益、社会效益、生态环境效益或者对维护国家安全做出显著贡献，且具有良好的应用前景。

第十一条 国家科学技术进步奖授予完成和应用推广创新性科学技术成果，为推动科学技术进步和经济社会发展做出突出贡献的个人、组织。

前款所称创新性科学技术成果，应当具备下列条件：

（一）技术创新性突出，技术经济指标先进；

（二）经应用推广，创造显著经济效益、社会效益、生态环境效益或者对维护国家安全做出显著贡献；

（三）在推动行业科学技术进步等方面有重大贡献。

第十二条 国家自然科学奖、国家技术发明奖、国家科学技术进步奖分为一等奖、二等奖 2 个等级；对做出特别重大的科学发现、技术发明或者创新性科学技术成果的，可以授予特等奖。

第十三条 中华人民共和国国际科学技术合作奖授予对中国科学技术事业做出重要贡献的下列外国人或者外国组织：

（一）同中国的公民或者组织合作研究、开发，取得重大科学技术成果的；

（二）向中国的公民或者组织传授先进科学技术、培养人才，成效特别显著的；

（三）为促进中国与外国的国际科学技术交流与合作，做出重要贡献的。

中华人民共和国国际科学技术合作奖不分等级。

第三章 国家科学技术奖的提名、评审和授予

第十四条 国家科学技术奖实行提名制度，不受理自荐。候选者由下列单位或者个人提名：

（一）符合国务院科学技术行政部门规定的资格条件的专家、学者、组织机构；

（二）中央和国家机关有关部门，中央军事委员会科学技术部门，省、自治区、直辖市、计划单列市人民政府。

香港特别行政区、澳门特别行政区、台湾地区的有关个人、组织的提名资格条件，由国务院科学技术行政部门规定。

中华人民共和国驻外使馆、领馆可以提名中华人民共和国国际科学技术合作奖的候选者。

第十五条 提名者应当严格按照提名办法提名，提供提名材料，对材料的真实性和准确性负责，并按照规定承担相应责任。

提名办法由国务院科学技术行政部门制定。

第十六条 在科学技术活动中有下列情形之一的，相关个人、组织不得被提名或者授予国家科学技术奖：

（一）危害国家安全、损害社会公共利益、危害人体健康、违反伦理道德的；

（二）有科研不端行为，按照国家有关规定被禁止参与国家科学技术奖励活动的；

（三）有国务院科学技术行政部门规定的其他情形的。

第十七条 国务院科学技术行政部门应当建立覆盖各学科、各领域的评审专家库，并及时更新。评审专家应当精通所从事学科、领域的专业知识，具有较高的学术水平和良好的科学道德。

第十八条 评审活动应当坚持公开、公平、公正的原则。评审专家与候选者有重大利害关系，可能影响评审公平、公正的，应当回避。

评审委员会的评审委员和参与评审活动的评审专家应当遵守评审工作纪律，不得有利用评审委员、评审专家身份牟取利益或者与其他评审委员、评审专家串通表决等可能影响评审公平、公正的行为。

评审办法由国务院科学技术行政部门制定。

第十九条 评审委员会设立评审组进行初评，评审组负责提出初评建议并提交评审委员会。

参与初评的评审专家从评审专家库中抽取产生。

第二十条 评审委员会根据相关办法对初评建议进行评审，并向国家科学技术奖励委员会提出各奖种获奖者和奖励等级的建议。

监督委员会根据相关办法对提名、评审和异议处理工作全程进行监督，并向国家科学技术奖励委员会报告监督情况。

国家科学技术奖励委员会根据评审委员会的建议和监督委员会的报告，作出各奖种获奖者和奖励等级的决议。

第二十一条 国务院科学技术行政部门对国家科学技术奖励委员会作出的各奖种获奖者和奖励等级的决议进行审核，报党中央、国务院批准。

第二十二条 国家最高科学技术奖报请国家主席签署并颁发奖章、证书和奖金。

国家自然科学奖、国家技术发明奖、国家科学技术进步奖颁发证书和奖金。

中华人民共和国国际科学技术合作奖颁发奖章和证书。

第二十三条 国家科学技术奖提名和评审的办法、奖励总数、奖励结果等信息应当向社会公布，接受社会监督。

涉及国家安全的保密项目，应当严格遵守国家保密法律法规的有关规定，加强项目内容的保密管理，在适当范围内公布。

第二十四条 国家科学技术奖励工作实行科研诚信审核制度。国务院科学技术行政部门负责建立提名专家、学者、组织机构和评审委员、评审专家、候选者的科研诚信严重失信行为数据库。

禁止任何个人、组织进行可能影响国家科学技术奖提名和评审公平、公正的活动。

第二十五条 国家最高科学技术奖的奖金数额由国务院科学技术行政部门会同财政部门提出，报党中央、国务院批准。

国家自然科学奖、国家技术发明奖、国家科学技术进步奖的奖金数额由国务院科学技术行政部门会同财政部门规定。

国家科学技术奖的奖励经费列入中央预算。

第二十六条 宣传国家科学技术奖获奖者的突出贡献和创新精神，应当遵守法律法规的规定，做到安全、保密、适度、严谨。

第二十七条 禁止使用国家科学技术奖名义牟取不正当利益。

第四章 法律责任

第二十八条 候选者进行可能影响国家科学技术奖提名和评审公平、公正的活动的，由国务院科学技术行政部门给予通报批评，取消其参评资格，并由所在单位或者有关部门依法给予处分。

其他个人或者组织进行可能影响国家科学技术奖提名和评审公

平、公正的活动的，由国务院科学技术行政部门给予通报批评；相关候选者有责任的，取消其参评资格。

第二十九条 评审委员、评审专家违反国家科学技术奖评审工作纪律的，由国务院科学技术行政部门取消其评审委员、评审专家资格，并由所在单位或者有关部门依法给予处分。

第三十条 获奖者剽窃、侵占他人的发现、发明或者其他科学技术成果的，或者以其他不正当手段骗取国家科学技术奖的，由国务院科学技术行政部门报党中央、国务院批准后撤销奖励，追回奖章、证书和奖金，并由所在单位或者有关部门依法给予处分。

第三十一条 提名专家、学者、组织机构提供虚假数据、材料，协助他人骗取国家科学技术奖的，由国务院科学技术行政部门给予通报批评；情节严重的，暂停或者取消其提名资格，并由所在单位或者有关部门依法给予处分。

第三十二条 违反本条例第二十七条规定的，由有关部门依照相关法律、行政法规的规定予以查处。

第三十三条 对违反本条例规定，有科研诚信严重失信行为的个人、组织，记入科研诚信严重失信行为数据库，并共享至全国信用信息共享平台，按照国家有关规定实施联合惩戒。

第三十四条 国家科学技术奖的候选者、获奖者、评审委员、评审专家和提名专家、学者涉嫌违反其他法律、行政法规的，国务院科学技术行政部门应当通报有关部门依法予以处理。

第三十五条 参与国家科学技术奖评审组织工作的人员在评审活动中滥用职权、玩忽职守、徇私舞弊的，依法给予处分；构成犯罪的，依法追究刑事责任。

第五章 附 则

第三十六条 有关部门根据国家安全领域的特殊情况，可以设立部级科学技术奖；省、自治区、直辖市、计划单列市人民政府可以设立一项省级科学技术奖。具体办法由设奖部门或者地方人民政府制定，并报国务院科学技术行政部门及有关单位备案。

设立省部级科学技术奖，应当按照精简原则，严格控制奖励数量，提高奖励质量，优化奖励程序。其他国家机关、群众团体，以及参照公务员法管理的事业单位，不得设立科学技术奖。

第三十七条 国家鼓励社会力量设立科学技术奖。社会力量设立科学技术奖的，在奖励活动中不得收取任何费用。

国务院科学技术行政部门应当对社会力量设立科学技术奖的有关活动进行指导服务和监督管理，并制定具体办法。

第三十八条 本条例自2020年12月1日起施行。

五 规范经营

中华人民共和国安全生产法（节录）

（2002年6月29日第九届全国人民代表大会常务委员会第二十八次会议通过　根据2009年8月27日第十一届全国人民代表大会常务委员会第十次会议《关于修改部分法律的决定》第一次修正　根据2014年8月31日第十二届全国人民代表大会常务委员会第十次会议《关于修改〈中华人民共和国安全生产法〉的决定》第二次修正　根据2021年6月10日第十三届全国人民代表大会常务委员会第二十九次会议《关于修改〈中华人民共和国安全生产法〉的决定》第三次修正）

……

第二章　生产经营单位的安全生产保障

第二十条　生产经营单位应当具备本法和有关法律、行政法规和国家标准或者行业标准规定的安全生产条件；不具备安全生产条件的，不得从事生产经营活动。

第二十一条　生产经营单位的主要负责人对本单位安全生产工作负有下列职责：

（一）建立健全并落实本单位全员安全生产责任制，加强安全生产标准化建设；

（二）组织制定并实施本单位安全生产规章制度和操作规程；

（三）组织制定并实施本单位安全生产教育和培训计划；

（四）保证本单位安全生产投入的有效实施；

（五）组织建立并落实安全风险分级管控和隐患排查治理双重预防工作机制，督促、检查本单位的安全生产工作，及时消除生产安全事故隐患；

（六）组织制定并实施本单位的生产安全事故应急救援预案；

（七）及时、如实报告生产安全事故。

第二十二条 生产经营单位的全员安全生产责任制应当明确各岗位的责任人员、责任范围和考核标准等内容。

生产经营单位应当建立相应的机制，加强对全员安全生产责任制落实情况的监督考核，保证全员安全生产责任制的落实。

第二十三条 生产经营单位应当具备的安全生产条件所必需的资金投入，由生产经营单位的决策机构、主要负责人或者个人经营的投资人予以保证，并对由于安全生产所必需的资金投入不足导致的后果承担责任。

有关生产经营单位应当按照规定提取和使用安全生产费用，专门用于改善安全生产条件。安全生产费用在成本中据实列支。安全生产费用提取、使用和监督管理的具体办法由国务院财政部门会同国务院应急管理部门征求国务院有关部门意见后制定。

第二十四条 矿山、金属冶炼、建筑施工、运输单位和危险物品的生产、经营、储存、装卸单位，应当设置安全生产管理机构或者配备专职安全生产管理人员。

前款规定以外的其他生产经营单位，从业人员超过一百人的，应当设置安全生产管理机构或者配备专职安全生产管理人员；从业人员在一百人以下的，应当配备专职或者兼职的安全生产管理人员。

第二十五条 生产经营单位的安全生产管理机构以及安全生产

管理人员履行下列职责：

（一）组织或者参与拟订本单位安全生产规章制度、操作规程和生产安全事故应急救援预案；

（二）组织或者参与本单位安全生产教育和培训，如实记录安全生产教育和培训情况；

（三）组织开展危险源辨识和评估，督促落实本单位重大危险源的安全管理措施；

（四）组织或者参与本单位应急救援演练；

（五）检查本单位的安全生产状况，及时排查生产安全事故隐患，提出改进安全生产管理的建议；

（六）制止和纠正违章指挥、强令冒险作业、违反操作规程的行为；

（七）督促落实本单位安全生产整改措施。

生产经营单位可以设置专职安全生产分管负责人，协助本单位主要负责人履行安全生产管理职责。

第二十六条 生产经营单位的安全生产管理机构以及安全生产管理人员应当恪尽职守，依法履行职责。

生产经营单位作出涉及安全生产的经营决策，应当听取安全生产管理机构以及安全生产管理人员的意见。

生产经营单位不得因安全生产管理人员依法履行职责而降低其工资、福利等待遇或者解除与其订立的劳动合同。

危险物品的生产、储存单位以及矿山、金属冶炼单位的安全生产管理人员的任免，应当告知主管的负有安全生产监督管理职责的部门。

第二十七条 生产经营单位的主要负责人和安全生产管理人员必须具备与本单位所从事的生产经营活动相应的安全生产知识和管理能力。

危险物品的生产、经营、储存、装卸单位以及矿山、金属冶炼、建筑施工、运输单位的主要负责人和安全生产管理人员，应当由主管的负有安全生产监督管理职责的部门对其安全生产知识和管理能力考核合格。考核不得收费。

危险物品的生产、储存、装卸单位以及矿山、金属冶炼单位应当有注册安全工程师从事安全生产管理工作。鼓励其他生产经营单位聘用注册安全工程师从事安全生产管理工作。注册安全工程师按专业分类管理，具体办法由国务院人力资源和社会保障部门、国务院应急管理部门会同国务院有关部门制定。

第二十八条 生产经营单位应当对从业人员进行安全生产教育和培训，保证从业人员具备必要的安全生产知识，熟悉有关的安全生产规章制度和安全操作规程，掌握本岗位的安全操作技能，了解事故应急处理措施，知悉自身在安全生产方面的权利和义务。未经安全生产教育和培训合格的从业人员，不得上岗作业。

生产经营单位使用被派遣劳动者的，应当将被派遣劳动者纳入本单位从业人员统一管理，对被派遣劳动者进行岗位安全操作规程和安全操作技能的教育和培训。劳务派遣单位应当对被派遣劳动者进行必要的安全生产教育和培训。

生产经营单位接收中等职业学校、高等学校学生实习的，应当对实习学生进行相应的安全生产教育和培训，提供必要的劳动防护用品。学校应当协助生产经营单位对实习学生进行安全生产教育和培训。

生产经营单位应当建立安全生产教育和培训档案，如实记录安全生产教育和培训的时间、内容、参加人员以及考核结果等情况。

第二十九条 生产经营单位采用新工艺、新技术、新材料或者使用新设备，必须了解、掌握其安全技术特性，采取有效的安全防护措施，并对从业人员进行专门的安全生产教育和培训。

第三十条 生产经营单位的特种作业人员必须按照国家有关规定经专门的安全作业培训，取得相应资格，方可上岗作业。

特种作业人员的范围由国务院应急管理部门会同国务院有关部门确定。

第三十一条 生产经营单位新建、改建、扩建工程项目（以下统称建设项目）的安全设施，必须与主体工程同时设计、同时施工、同时投入生产和使用。安全设施投资应当纳入建设项目概算。

第三十二条 矿山、金属冶炼建设项目和用于生产、储存、装卸危险物品的建设项目，应当按照国家有关规定进行安全评价。

第三十三条 建设项目安全设施的设计人、设计单位应当对安全设施设计负责。

矿山、金属冶炼建设项目和用于生产、储存、装卸危险物品的建设项目的安全设施设计应当按照国家有关规定报经有关部门审查，审查部门及其负责审查的人员对审查结果负责。

第三十四条 矿山、金属冶炼建设项目和用于生产、储存、装卸危险物品的建设项目的施工单位必须按照批准的安全设施设计施工，并对安全设施的工程质量负责。

矿山、金属冶炼建设项目和用于生产、储存、装卸危险物品的建设项目竣工投入生产或者使用前，应当由建设单位负责组织对安全设施进行验收；验收合格后，方可投入生产和使用。负有安全生产监督管理职责的部门应当加强对建设单位验收活动和验收结果的监督核查。

第三十五条 生产经营单位应当在有较大危险因素的生产经营场所和有关设施、设备上，设置明显的安全警示标志。

第三十六条 安全设备的设计、制造、安装、使用、检测、维修、改造和报废，应当符合国家标准或者行业标准。

生产经营单位必须对安全设备进行经常性维护、保养，并定期检测，保证正常运转。维护、保养、检测应当作好记录，并由有关人员签字。

生产经营单位不得关闭、破坏直接关系生产安全的监控、报警、防护、救生设备、设施，或者篡改、隐瞒、销毁其相关数据、信息。

餐饮等行业的生产经营单位使用燃气的，应当安装可燃气体报警装置，并保障其正常使用。

第三十七条 生产经营单位使用的危险物品的容器、运输工具，以及涉及人身安全、危险性较大的海洋石油开采特种设备和矿山井下特种设备，必须按照国家有关规定，由专业生产单位生产，并经具有专业资质的检测、检验机构检测、检验合格，取得安全使用证或者安全标志，方可投入使用。检测、检验机构对检测、检验结果负责。

第三十八条 国家对严重危及生产安全的工艺、设备实行淘汰制度，具体目录由国务院应急管理部门会同国务院有关部门制定并公布。法律、行政法规对目录的制定另有规定的，适用其规定。

省、自治区、直辖市人民政府可以根据本地区实际情况制定并公布具体目录，对前款规定以外的危及生产安全的工艺、设备予以淘汰。

生产经营单位不得使用应当淘汰的危及生产安全的工艺、设备。

第三十九条 生产、经营、运输、储存、使用危险物品或者处置废弃危险物品的，由有关主管部门依照有关法律、法规的规定和国家标准或者行业标准审批并实施监督管理。

生产经营单位生产、经营、运输、储存、使用危险物品或者处置废弃危险物品，必须执行有关法律、法规和国家标准或者行业标准，建立专门的安全管理制度，采取可靠的安全措施，接受有关主管部门依法实施的监督管理。

第四十条 生产经营单位对重大危险源应当登记建档，进行定期检测、评估、监控，并制定应急预案，告知从业人员和相关人员在紧急情况下应当采取的应急措施。

生产经营单位应当按照国家有关规定将本单位重大危险源及有关安全措施、应急措施报有关地方人民政府应急管理部门和有关部门备案。有关地方人民政府应急管理部门和有关部门应当通过相关信息系统实现信息共享。

第四十一条 生产经营单位应当建立安全风险分级管控制度，按照安全风险分级采取相应的管控措施。

生产经营单位应当建立健全并落实生产安全事故隐患排查治理制度，采取技术、管理措施，及时发现并消除事故隐患。事故隐患排查治理情况应当如实记录，并通过职工大会或者职工代表大会、信息公示栏等方式向从业人员通报。其中，重大事故隐患排查治理情况应当及时向负有安全生产监督管理职责的部门和职工大会或者职工代表大会报告。

县级以上地方各级人民政府负有安全生产监督管理职责的部门应当将重大事故隐患纳入相关信息系统，建立健全重大事故隐患治理督办制度，督促生产经营单位消除重大事故隐患。

第四十二条 生产、经营、储存、使用危险物品的车间、商店、仓库不得与员工宿舍在同一座建筑物内，并应当与员工宿舍保持安全距离。

生产经营场所和员工宿舍应当设有符合紧急疏散要求、标志明显、保持畅通的出口、疏散通道。禁止占用、锁闭、封堵生产经营场所或者员工宿舍的出口、疏散通道。

第四十三条 生产经营单位进行爆破、吊装、动火、临时用电以及国务院应急管理部门会同国务院有关部门规定的其他危险作业，应当安排专门人员进行现场安全管理，确保操作规程的遵守和安全措施的落实。

第四十四条 生产经营单位应当教育和督促从业人员严格执行本单位的安全生产规章制度和安全操作规程；并向从业人员如实告知作业场所和工作岗位存在的危险因素、防范措施以及事故应急措施。

生产经营单位应当关注从业人员的身体、心理状况和行为习惯，加强对从业人员的心理疏导、精神慰藉，严格落实岗位安全生产责任，防范从业人员行为异常导致事故发生。

第四十五条 生产经营单位必须为从业人员提供符合国家标准或者行业标准的劳动防护用品，并监督、教育从业人员按照使用规则佩戴、使用。

第四十六条 生产经营单位的安全生产管理人员应当根据本单位的生产经营特点，对安全生产状况进行经常性检查；对检查中发现的安全问题，应当立即处理；不能处理的，应当及时报告本单位有关负责人，有关负责人应当及时处理。检查及处理情况应当如实记录在案。

生产经营单位的安全生产管理人员在检查中发现重大事故隐患，依照前款规定向本单位有关负责人报告，有关负责人不及时处理的，安全生产管理人员可以向主管的负有安全生产监督管理职责的部门报告，接到报告的部门应当依法及时处理。

第四十七条 生产经营单位应当安排用于配备劳动防护用品、进行安全生产培训的经费。

第四十八条 两个以上生产经营单位在同一作业区域内进行生产经营活动，可能危及对方生产安全的，应当签订安全生产管理协议，明确各自的安全生产管理职责和应当采取的安全措施，并指定专职安全生产管理人员进行安全检查与协调。

第四十九条 生产经营单位不得将生产经营项目、场所、设备发包或者出租给不具备安全生产条件或者相应资质的单位或者个人。

生产经营项目、场所发包或者出租给其他单位的，生产经营单位应当与承包单位、承租单位签订专门的安全生产管理协议，或者在承包合同、租赁合同中约定各自的安全生产管理职责；生产经营单位对承包单位、承租单位的安全生产工作统一协调、管理，定期进行安全检查，发现安全问题的，应当及时督促整改。

矿山、金属冶炼建设项目和用于生产、储存、装卸危险物品的建设项目的施工单位应当加强对施工项目的安全管理，不得倒卖、出租、出借、挂靠或者以其他形式非法转让施工资质，不得将其承包的全部建设工程转包给第三人或者将其承包的全部建设工程支解以后以分包的名义分别转包给第三人，不得将工程分包给不具备相应资质条件的单位。

第五十条 生产经营单位发生生产安全事故时，单位的主要负责人应当立即组织抢救，并不得在事故调查处理期间擅离职守。

第五十一条 生产经营单位必须依法参加工伤保险，为从业人员缴纳保险费。

国家鼓励生产经营单位投保安全生产责任保险；属于国家规定的高危行业、领域的生产经营单位，应当投保安全生产责任保险。具体范围和实施办法由国务院应急管理部门会同国务院财政部门、国务院保险监督管理机构和相关行业主管部门制定。

……

中华人民共和国数据安全法（节录）

（2021 年 6 月 10 日第十三届全国人民代表大会常务委员会第二十九次会议通过　2021 年 6 月 10 日中华人民共和国主席令第 84 号公布　自 2021 年 9 月 1 日起施行）

……

第四章　数据安全保护义务

第二十七条 开展数据处理活动应当依照法律、法规的规定，建立健全全流程数据安全管理制度，组织开展数据安全教育培训，采取相应的技术措施和其他必要措施，保障数据安全。利用互联网等信息网络开展数据处理活动，应当在网络安全等级保护制度的基础上，履行上述数据安全保护义务。

重要数据的处理者应当明确数据安全负责人和管理机构，落实数据安全保护责任。

第二十八条 开展数据处理活动以及研究开发数据新技术，应当有利于促进经济社会发展，增进人民福祉，符合社会公德和伦理。

第二十九条 开展数据处理活动应当加强风险监测，发现数据安全缺陷、漏洞等风险时，应当立即采取补救措施；发生数据安全事件时，应当立即采取处置措施，按照规定及时告知用户并向有关主管部门报告。

第三十条 重要数据的处理者应当按照规定对其数据处理活动定期开展风险评估，并向有关主管部门报送风险评估报告。

风险评估报告应当包括处理的重要数据的种类、数量，开展数据处理活动的情况，面临的数据安全风险及其应对措施等。

第三十一条 关键信息基础设施的运营者在中华人民共和国境内运营中收集和产生的重要数据的出境安全管理，适用《中华人民共和国网络安全法》的规定；其他数据处理者在中华人民共和国境内运营中收集和产生的重要数据的出境安全管理办法，由国家网信部门会同国务院有关部门制定。

第三十二条 任何组织、个人收集数据，应当采取合法、正当的方式，不得窃取或者以其他非法方式获取数据。

法律、行政法规对收集、使用数据的目的、范围有规定的，应当在法律、行政法规规定的目的和范围内收集、使用数据。

第三十三条 从事数据交易中介服务的机构提供服务，应当要求数据提供方说明数据来源，审核交易双方的身份，并留存审核、交易记录。

第三十四条 法律、行政法规规定提供数据处理相关服务应当取得行政许可的，服务提供者应当依法取得许可。

第三十五条 公安机关、国家安全机关因依法维护国家安全或者侦查犯罪的需要调取数据，应当按照国家有关规定，经过严格的批准手续，依法进行，有关组织、个人应当予以配合。

第三十六条 中华人民共和国主管机关根据有关法律和中华人民共和国缔结或者参加的国际条约、协定，或者按照平等互惠原则，处理外国司法或者执法机构关于提供数据的请求。非经中华人民共和国主管机关批准，境内的组织、个人不得向外国司法或者执法机构提供存储于中华人民共和国境内的数据。

……

中华人民共和国个人信息保护法（节录）

（2021年8月20日第十三届全国人民代表大会常务委员会第三十次会议通过　2021年8月20日中华人民共和国主席令第91号公布　自2021年11月1日起施行）

……

第五章　个人信息处理者的义务

第五十一条 个人信息处理者应当根据个人信息的处理目的、处理方式、个人信息的种类以及对个人权益的影响、可能存在的安全风险等，采取下列措施确保个人信息处理活动符合法律、行政法规的规定，并防止未经授权的访问以及个人信息泄露、篡改、丢失：

（一）制定内部管理制度和操作规程；

（二）对个人信息实行分类管理；

（三）采取相应的加密、去标识化等安全技术措施；

（四）合理确定个人信息处理的操作权限，并定期对从业人员进行安全教育和培训；

（五）制定并组织实施个人信息安全事件应急预案；

（六）法律、行政法规规定的其他措施。

第五十二条 处理个人信息达到国家网信部门规定数量的个人信息处理者应当指定个人信息保护负责人，负责对个人信息处理活动以及采取的保护措施等进行监督。

个人信息处理者应当公开个人信息保护负责人的联系方式，并将个人信息保护负责人的姓名、联系方式等报送履行个人信息保护职责的部门。

第五十三条 本法第三条第二款规定的中华人民共和国境外的个人信息处理者，应当在中华人民共和国境内设立专门机构或者指定代表，负责处理个人信息保护相关事务，并将有关机构的名称或者代表的姓名、联系方式等报送履行个人信息保护职责的部门。

第五十四条 个人信息处理者应当定期对其处理个人信息遵守法律、行政法规的情况进行合规审计。

第五十五条 有下列情形之一的，个人信息处理者应当事前进行个人信息保护影响评估，并对处理情况进行记录：

（一）处理敏感个人信息；

（二）利用个人信息进行自动化决策；

（三）委托处理个人信息、向其他个人信息处理者提供个人信息、公开个人信息；

（四）向境外提供个人信息；

（五）其他对个人权益有重大影响的个人信息处理活动。

第五十六条 个人信息保护影响评估应当包括下列内容：

（一）个人信息的处理目的、处理方式等是否合法、正当、必要；

（二）对个人权益的影响及安全风险；

（三）所采取的保护措施是否合法、有效并与风险程度相适应。

个人信息保护影响评估报告和处理情况记录应当至少保存三年。

第五十七条 发生或者可能发生个人信息泄露、篡改、丢失的，个人信息处理者应当立即采取补救措施，并通知履行个人信息保护职责的部门和个人。通知应当包括下列事项：

（一）发生或者可能发生个人信息泄露、篡改、丢失的信息种类、原因和可能造成的危害；

（二）个人信息处理者采取的补救措施和个人可以采取的减轻危害的措施；

（三）个人信息处理者的联系方式。

个人信息处理者采取措施能够有效避免信息泄露、篡改、丢失造成危害的，个人信息处理者可以不通知个人；履行个人信息保护职责的部门认为可能造成危害的，有权要求个人信息处理者通知个人。

第五十八条 提供重要互联网平台服务、用户数量巨大、业务类型复杂的个人信息处理者，应当履行下列义务：

（一）按照国家规定建立健全个人信息保护合规制度体系，成立主要由外部成员组成的独立机构对个人信息保护情况进行监督；

（二）遵循公开、公平、公正的原则，制定平台规则，明确平台内产品或者服务提供者处理个人信息的规范和保护个人信息的义务；

（三）对严重违反法律、行政法规处理个人信息的平台内的产品或者服务提供者，停止提供服务；

（四）定期发布个人信息保护社会责任报告，接受社会监督。

第五十九条 接受委托处理个人信息的受托人，应当依照本法和有关法律、行政法规的规定，采取必要措施保障所处理的个人信息的安全，并协助个人信息处理者履行本法规定的义务。

……

六 服务保障

中华人民共和国增值税法

（2024年12月25日第十四届全国人民代表大会常务委员会第十三次会议通过　2024年12月25日中华人民共和国主席令第41号公布　自2026年1月1日起施行）

目　　录

第一章　总　　则

第一条　为了健全有利于高质量发展的增值税制度，规范增值税的征收和缴纳，保护纳税人的合法权益，制定本法。

第二条　增值税税收工作应当贯彻落实党和国家路线方针政策、决策部署，为国民经济和社会发展服务。

第三条　在中华人民共和国境内（以下简称境内）销售货物、服务、无形资产、不动产（以下称应税交易），以及进口货物的单位和个人（包括个体工商户），为增值税的纳税人，应当依照本法规定缴纳增值税。

销售货物、服务、无形资产、不动产，是指有偿转让货物、不动产的所有权，有偿提供服务，有偿转让无形资产的所有权或者使用权。

第四条 在境内发生应税交易，是指下列情形：

（一）销售货物的，货物的起运地或者所在地在境内；

（二）销售或者租赁不动产、转让自然资源使用权的，不动产、自然资源所在地在境内；

（三）销售金融商品的，金融商品在境内发行，或者销售方为境内单位和个人；

（四）除本条第二项、第三项规定外，销售服务、无形资产的，服务、无形资产在境内消费，或者销售方为境内单位和个人。

第五条 有下列情形之一的，视同应税交易，应当依照本法规定缴纳增值税：

（一）单位和个体工商户将自产或者委托加工的货物用于集体福利或者个人消费；

（二）单位和个体工商户无偿转让货物；

（三）单位和个人无偿转让无形资产、不动产或者金融商品。

第六条 有下列情形之一的，不属于应税交易，不征收增值税：

（一）员工为受雇单位或者雇主提供取得工资、薪金的服务；

（二）收取行政事业性收费、政府性基金；

（三）依照法律规定被征收、征用而取得补偿；

（四）取得存款利息收入。

第七条 增值税为价外税，应税交易的销售额不包括增值税税额。增值税税额，应当按照国务院的规定在交易凭证上单独列明。

第八条 纳税人发生应税交易，应当按照一般计税方法，通过销项税额抵扣进项税额计算应纳税额的方式，计算缴纳增值税；本法另有规定的除外。

小规模纳税人可以按照销售额和征收率计算应纳税额的简易计税方法，计算缴纳增值税。

中外合作开采海洋石油、天然气增值税的计税方法等，按照国务院的有关规定执行。

第九条 本法所称小规模纳税人，是指年应征增值税销售额未超过五百万元的纳税人。

小规模纳税人会计核算健全，能够提供准确税务资料的，可以向主管税务机关办理登记，按照本法规定的一般计税方法计算缴纳增值税。

根据国民经济和社会发展的需要，国务院可以对小规模纳税人的标准作出调整，报全国人民代表大会常务委员会备案。

第二章 税 率

第十条 增值税税率：

（一）纳税人销售货物、加工修理修配服务、有形动产租赁服务，进口货物，除本条第二项、第四项、第五项规定外，税率为百分之十三。

（二）纳税人销售交通运输、邮政、基础电信、建筑、不动产租赁服务，销售不动产，转让土地使用权，销售或者进口下列货物，除本条第四项、第五项规定外，税率为百分之九：

1. 农产品、食用植物油、食用盐；

2. 自来水、暖气、冷气、热水、煤气、石油液化气、天然气、二甲醚、沼气、居民用煤炭制品；

3. 图书、报纸、杂志、音像制品、电子出版物；

4. 饲料、化肥、农药、农机、农膜。

（三）纳税人销售服务、无形资产，除本条第一项、第二项、第五项规定外，税率为百分之六。

（四）纳税人出口货物，税率为零；国务院另有规定的除外。

(五) 境内单位和个人跨境销售国务院规定范围内的服务、无形资产，税率为零。

第十一条 适用简易计税方法计算缴纳增值税的征收率为百分之三。

第十二条 纳税人发生两项以上应税交易涉及不同税率、征收率的，应当分别核算适用不同税率、征收率的销售额；未分别核算的，从高适用税率。

第十三条 纳税人发生一项应税交易涉及两个以上税率、征收率的，按照应税交易的主要业务适用税率、征收率。

第三章 应 纳 税 额

第十四条 按照一般计税方法计算缴纳增值税的，应纳税额为当期销项税额抵扣当期进项税额后的余额。

按照简易计税方法计算缴纳增值税的，应纳税额为当期销售额乘以征收率。

进口货物，按照本法规定的组成计税价格乘以适用税率计算缴纳增值税。组成计税价格，为关税计税价格加上关税和消费税；国务院另有规定的，从其规定。

第十五条 境外单位和个人在境内发生应税交易，以购买方为扣缴义务人；按照国务院的规定委托境内代理人申报缴纳税款的除外。

扣缴义务人依照本法规定代扣代缴税款的，按照销售额乘以税率计算应扣缴税额。

第十六条 销项税额，是指纳税人发生应税交易，按照销售额乘以本法规定的税率计算的增值税税额。

进项税额，是指纳税人购进货物、服务、无形资产、不动产支付或者负担的增值税税额。

纳税人应当凭法律、行政法规或者国务院规定的增值税扣税凭证从销项税额中抵扣进项税额。

第十七条 销售额，是指纳税人发生应税交易取得的与之相关的价款，包括货币和非货币形式的经济利益对应的全部价款，不包括按照一般计税方法计算的销项税额和按照简易计税方法计算的应纳税额。

第十八条 销售额以人民币计算。纳税人以人民币以外的货币结算销售额的，应当折合成人民币计算。

第十九条 发生本法第五条规定的视同应税交易以及销售额为非货币形式的，纳税人应当按照市场价格确定销售额。

第二十条 销售额明显偏低或者偏高且无正当理由的，税务机关可以依照《中华人民共和国税收征收管理法》和有关行政法规的规定核定销售额。

第二十一条 当期进项税额大于当期销项税额的部分，纳税人可以按照国务院的规定选择结转下期继续抵扣或者申请退还。

第二十二条 纳税人的下列进项税额不得从其销项税额中抵扣：

（一）适用简易计税方法计税项目对应的进项税额；

（二）免征增值税项目对应的进项税额；

（三）非正常损失项目对应的进项税额；

（四）购进并用于集体福利或者个人消费的货物、服务、无形资产、不动产对应的进项税额；

（五）购进并直接用于消费的餐饮服务、居民日常服务和娱乐服务对应的进项税额；

（六）国务院规定的其他进项税额。

第四章 税收优惠

第二十三条 小规模纳税人发生应税交易，销售额未达到起征点的，免征增值税；达到起征点的，依照本法规定全额计算缴纳增值税。

前款规定的起征点标准由国务院规定，报全国人民代表大会常务委员会备案。

第二十四条 下列项目免征增值税：

（一）农业生产者销售的自产农产品，农业机耕、排灌、病虫害防治、植物保护、农牧保险以及相关技术培训业务，家禽、牲畜、水生动物的配种和疾病防治；

（二）医疗机构提供的医疗服务；

（三）古旧图书，自然人销售的自己使用过的物品；

（四）直接用于科学研究、科学试验和教学的进口仪器、设备；

（五）外国政府、国际组织无偿援助的进口物资和设备；

（六）由残疾人的组织直接进口供残疾人专用的物品，残疾人个人提供的服务；

（七）托儿所、幼儿园、养老机构、残疾人服务机构提供的育养服务，婚姻介绍服务，殡葬服务；

（八）学校提供的学历教育服务，学生勤工俭学提供的服务；

（九）纪念馆、博物馆、文化馆、文物保护单位管理机构、美术馆、展览馆、书画院、图书馆举办文化活动的门票收入，宗教场所举办文化、宗教活动的门票收入。

前款规定的免税项目具体标准由国务院规定。

第二十五条 根据国民经济和社会发展的需要，国务院对支持小微企业发展、扶持重点产业、鼓励创新创业就业、公益事业捐赠等情形可以制定增值税专项优惠政策，报全国人民代表大会常务委员会备案。

国务院应当对增值税优惠政策适时开展评估、调整。

第二十六条 纳税人兼营增值税优惠项目的，应当单独核算增值税优惠项目的销售额；未单独核算的项目，不得享受税收优惠。

第二十七条 纳税人可以放弃增值税优惠；放弃优惠的，在三十六个月内不得享受该项税收优惠，小规模纳税人除外。

第五章　征收管理

第二十八条　增值税纳税义务发生时间，按照下列规定确定：

（一）发生应税交易，纳税义务发生时间为收讫销售款项或者取得销售款项索取凭据的当日；先开具发票的，为开具发票的当日。

（二）发生视同应税交易，纳税义务发生时间为完成视同应税交易的当日。

（三）进口货物，纳税义务发生时间为货物报关进口的当日。

增值税扣缴义务发生时间为纳税人增值税纳税义务发生的当日。

第二十九条　增值税纳税地点，按照下列规定确定：

（一）有固定生产经营场所的纳税人，应当向其机构所在地或者居住地主管税务机关申报纳税。总机构和分支机构不在同一县（市）的，应当分别向各自所在地的主管税务机关申报纳税；经省级以上财政、税务主管部门批准，可以由总机构汇总向总机构所在地的主管税务机关申报纳税。

（二）无固定生产经营场所的纳税人，应当向其应税交易发生地主管税务机关申报纳税；未申报纳税的，由其机构所在地或者居住地主管税务机关补征税款。

（三）自然人销售或者租赁不动产，转让自然资源使用权，提供建筑服务，应当向不动产所在地、自然资源所在地、建筑服务发生地主管税务机关申报纳税。

（四）进口货物的纳税人，应当按照海关规定的地点申报纳税。

（五）扣缴义务人，应当向其机构所在地或者居住地主管税务机关申报缴纳扣缴的税款；机构所在地或者居住地在境外的，应当向应税交易发生地主管税务机关申报缴纳扣缴的税款。

第三十条　增值税的计税期间分别为十日、十五日、一个月或者一个季度。纳税人的具体计税期间，由主管税务机关根据纳税人应纳税额的大小分别核定。不经常发生应税交易的纳税人，可以按次纳税。

纳税人以一个月或者一个季度为一个计税期间的，自期满之日起十五日内申报纳税；以十日或者十五日为一个计税期间的，自次月一日起十五日内申报纳税。

扣缴义务人解缴税款的计税期间和申报纳税期限，依照前两款规定执行。

纳税人进口货物，应当按照海关规定的期限申报并缴纳税款。

第三十一条 纳税人以十日或者十五日为一个计税期间的，应当自期满之日起五日内预缴税款。

法律、行政法规对纳税人预缴税款另有规定的，从其规定。

第三十二条 增值税由税务机关征收，进口货物的增值税由海关代征。

海关应当将代征增值税和货物出口报关的信息提供给税务机关。

个人携带或者寄递进境物品增值税的计征办法由国务院制定，报全国人民代表大会常务委员会备案。

第三十三条 纳税人出口货物或者跨境销售服务、无形资产，适用零税率的，应当向主管税务机关申报办理退（免）税。出口退（免）税的具体办法，由国务院制定。

第三十四条 纳税人应当依法开具和使用增值税发票。增值税发票包括纸质发票和电子发票。电子发票与纸质发票具有同等法律效力。

国家积极推广使用电子发票。

第三十五条 税务机关与工业和信息化、公安、海关、市场监督管理、人民银行、金融监督管理等部门建立增值税涉税信息共享机制和工作配合机制。

有关部门应当依照法律、行政法规，在各自职责范围内，支持、协助税务机关开展增值税征收管理。

第三十六条 增值税的征收管理依照本法和《中华人民共和国税收征收管理法》的规定执行。

第三十七条 纳税人、扣缴义务人、税务机关及其工作人员违反本法规定的，依照《中华人民共和国税收征收管理法》和有关法律、行政法规的规定追究法律责任。

第六章 附 则

第三十八条 本法自2026年1月1日起施行。《中华人民共和国增值税暂行条例》同时废止。

中华人民共和国企业所得税法

（2007年3月16日第十届全国人民代表大会第五次会议通过 根据2017年2月24日第十二届全国人民代表大会常务委员会第二十六次会议《关于修改〈中华人民共和国企业所得税法〉的决定》第一次修正 根据2018年12月29日第十三届全国人民代表大会常务委员会第七次会议《关于修改〈中华人民共和国电力法〉等四部法律的决定》第二次修正）

目 录

第一章　总　　则

第一条　在中华人民共和国境内，企业和其他取得收入的组织（以下统称企业）为企业所得税的纳税人，依照本法的规定缴纳企业所得税。

个人独资企业、合伙企业不适用本法。

第二条　企业分为居民企业和非居民企业。

本法所称居民企业，是指依法在中国境内成立，或者依照外国（地区）法律成立但实际管理机构在中国境内的企业。

本法所称非居民企业，是指依照外国（地区）法律成立且实际管理机构不在中国境内，但在中国境内设立机构、场所的，或者在中国境内未设立机构、场所，但有来源于中国境内所得的企业。

第三条　居民企业应当就其来源于中国境内、境外的所得缴纳企业所得税。

非居民企业在中国境内设立机构、场所的，应当就其所设机构、场所取得的来源于中国境内的所得，以及发生在中国境外但与其所设机构、场所有实际联系的所得，缴纳企业所得税。

非居民企业在中国境内未设立机构、场所的，或者虽设立机构、场所但取得的所得与其所设机构、场所没有实际联系的，应当就其来源于中国境内的所得缴纳企业所得税。

第四条　企业所得税的税率为25%。

非居民企业取得本法第三条第三款规定的所得，适用税率为20%。

第二章　应纳税所得额

第五条　企业每一纳税年度的收入总额，减除不征税收入、免税收入、各项扣除以及允许弥补的以前年度亏损后的余额，为应纳税所得额。

第六条 企业以货币形式和非货币形式从各种来源取得的收入，为收入总额。包括：

（一）销售货物收入；

（二）提供劳务收入；

（三）转让财产收入；

（四）股息、红利等权益性投资收益；

（五）利息收入；

（六）租金收入；

（七）特许权使用费收入；

（八）接受捐赠收入；

（九）其他收入。

第七条 收入总额中的下列收入为不征税收入：

（一）财政拨款；

（二）依法收取并纳入财政管理的行政事业性收费、政府性基金；

（三）国务院规定的其他不征税收入。

第八条 企业实际发生的与取得收入有关的、合理的支出，包括成本、费用、税金、损失和其他支出，准予在计算应纳税所得额时扣除。

第九条 企业发生的公益性捐赠支出，在年度利润总额12%以内的部分，准予在计算应纳税所得额时扣除；超过年度利润总额12%的部分，准予结转以后三年内在计算应纳税所得额时扣除。

第十条 在计算应纳税所得额时，下列支出不得扣除：

（一）向投资者支付的股息、红利等权益性投资收益款项；

（二）企业所得税税款；

（三）税收滞纳金；

（四）罚金、罚款和被没收财物的损失；

（五）本法第九条规定以外的捐赠支出；

（六）赞助支出；

（七）未经核定的准备金支出；

（八）与取得收入无关的其他支出。

第十一条 在计算应纳税所得额时，企业按照规定计算的固定资产折旧，准予扣除。

下列固定资产不得计算折旧扣除：

（一）房屋、建筑物以外未投入使用的固定资产；

（二）以经营租赁方式租入的固定资产；

（三）以融资租赁方式租出的固定资产；

（四）已足额提取折旧仍继续使用的固定资产；

（五）与经营活动无关的固定资产；

（六）单独估价作为固定资产入账的土地；

（七）其他不得计算折旧扣除的固定资产。

第十二条 在计算应纳税所得额时，企业按照规定计算的无形资产摊销费用，准予扣除。

下列无形资产不得计算摊销费用扣除：

（一）自行开发的支出已在计算应纳税所得额时扣除的无形资产；

（二）自创商誉；

（三）与经营活动无关的无形资产；

（四）其他不得计算摊销费用扣除的无形资产。

第十三条 在计算应纳税所得额时，企业发生的下列支出作为长期待摊费用，按照规定摊销的，准予扣除：

（一）已足额提取折旧的固定资产的改建支出；

（二）租入固定资产的改建支出；

（三）固定资产的大修理支出；

（四）其他应当作为长期待摊费用的支出。

第十四条 企业对外投资期间，投资资产的成本在计算应纳税所得额时不得扣除。

第十五条 企业使用或者销售存货，按照规定计算的存货成本，准予在计算应纳税所得额时扣除。

第十六条 企业转让资产，该项资产的净值，准予在计算应纳税所得额时扣除。

第十七条 企业在汇总计算缴纳企业所得税时，其境外营业机构的亏损不得抵减境内营业机构的盈利。

第十八条 企业纳税年度发生的亏损，准予向以后年度结转，用以后年度的所得弥补，但结转年限最长不得超过五年。

第十九条 非居民企业取得本法第三条第三款规定的所得，按照下列方法计算其应纳税所得额：

（一）股息、红利等权益性投资收益和利息、租金、特许权使用费所得，以收入全额为应纳税所得额；

（二）转让财产所得，以收入全额减除财产净值后的余额为应纳税所得额；

（三）其他所得，参照前两项规定的方法计算应纳税所得额。

第二十条 本章规定的收入、扣除的具体范围、标准和资产的税务处理的具体办法，由国务院财政、税务主管部门规定。

第二十一条 在计算应纳税所得额时，企业财务、会计处理办法与税收法律、行政法规的规定不一致的，应当依照税收法律、行政法规的规定计算。

第三章 应纳税额

第二十二条 企业的应纳税所得额乘以适用税率，减除依照本法关于税收优惠的规定减免和抵免的税额后的余额，为应纳税额。

第二十三条 企业取得的下列所得已在境外缴纳的所得税税额，可以从其当期应纳税额中抵免，抵免限额为该项所得依照本法规定计算的应纳税额；超过抵免限额的部分，可以在以后五个年度内，用每年度抵免限额抵免当年应抵税额后的余额进行抵补：

（一）居民企业来源于中国境外的应税所得；

（二）非居民企业在中国境内设立机构、场所，取得发生在中国境外但与该机构、场所有实际联系的应税所得。

第二十四条 居民企业从其直接或者间接控制的外国企业分得的来源于中国境外的股息、红利等权益性投资收益，外国企业在境外实际缴纳的所得税税额中属于该项所得负担的部分，可以作为该居民企业的可抵免境外所得税税额，在本法第二十三条规定的抵免限额内抵免。

第四章 税收优惠

第二十五条 国家对重点扶持和鼓励发展的产业和项目，给予企业所得税优惠。

第二十六条 企业的下列收入为免税收入：

（一）国债利息收入；

（二）符合条件的居民企业之间的股息、红利等权益性投资收益；

（三）在中国境内设立机构、场所的非居民企业从居民企业取得与该机构、场所有实际联系的股息、红利等权益性投资收益；

（四）符合条件的非营利组织的收入。

第二十七条 企业的下列所得，可以免征、减征企业所得税：

（一）从事农、林、牧、渔业项目的所得；

（二）从事国家重点扶持的公共基础设施项目投资经营的所得；

（三）从事符合条件的环境保护、节能节水项目的所得；

（四）符合条件的技术转让所得；

（五）本法第三条第三款规定的所得。

第二十八条 符合条件的小型微利企业，减按20%的税率征收企业所得税。

国家需要重点扶持的高新技术企业，减按15%的税率征收企业所得税。

第二十九条 民族自治地方的自治机关对本民族自治地方的企业应缴纳的企业所得税中属于地方分享的部分，可以决定减征或者免征。自治州、自治县决定减征或者免征的，须报省、自治区、直辖市人民政府批准。

第三十条 企业的下列支出，可以在计算应纳税所得额时加计扣除：

（一）开发新技术、新产品、新工艺发生的研究开发费用；

（二）安置残疾人员及国家鼓励安置的其他就业人员所支付的工资。

第三十一条 创业投资企业从事国家需要重点扶持和鼓励的创业投资，可以按投资额的一定比例抵扣应纳税所得额。

第三十二条 企业的固定资产由于技术进步等原因，确需加速折旧的，可以缩短折旧年限或者采取加速折旧的方法。

第三十三条 企业综合利用资源，生产符合国家产业政策规定的产品所取得的收入，可以在计算应纳税所得额时减计收入。

第三十四条 企业购置用于环境保护、节能节水、安全生产等专用设备的投资额，可以按一定比例实行税额抵免。

第三十五条 本法规定的税收优惠的具体办法，由国务院规定。

第三十六条 根据国民经济和社会发展的需要，或者由于突发事件等原因对企业经营活动产生重大影响的，国务院可以制定企业所得税专项优惠政策，报全国人民代表大会常务委员会备案。

第五章 源泉扣缴

第三十七条 对非居民企业取得本法第三条第三款规定的所得应缴纳的所得税，实行源泉扣缴，以支付人为扣缴义务人。税款由扣缴义务人在每次支付或者到期应支付时，从支付或者到期应支付的款项中扣缴。

第三十八条 对非居民企业在中国境内取得工程作业和劳务所得应缴纳的所得税，税务机关可以指定工程价款或者劳务费的支付人为扣缴义务人。

第三十九条 依照本法第三十七条、第三十八条规定应当扣缴的所得税，扣缴义务人未依法扣缴或者无法履行扣缴义务的，由纳税人在所得发生地缴纳。纳税人未依法缴纳的，税务机关可以从该纳税人在中国境内其他收入项目的支付人应付的款项中，追缴该纳税人的应纳税款。

第四十条 扣缴义务人每次代扣的税款，应当自代扣之日起七日内缴入国库，并向所在地的税务机关报送扣缴企业所得税报告表。

第六章 特别纳税调整

第四十一条 企业与其关联方之间的业务往来，不符合独立交易原则而减少企业或者其关联方应纳税收入或者所得额的，税务机关有权按照合理方法调整。

企业与其关联方共同开发、受让无形资产，或者共同提供、接受劳务发生的成本，在计算应纳税所得额时应当按照独立交易原则进行分摊。

第四十二条 企业可以向税务机关提出与其关联方之间业务往来的定价原则和计算方法，税务机关与企业协商、确认后，达成预约定价安排。

第四十三条 企业向税务机关报送年度企业所得税纳税申报表时，应当就其与关联方之间的业务往来，附送年度关联业务往来报告表。

税务机关在进行关联业务调查时，企业及其关联方，以及与关联业务调查有关的其他企业，应当按照规定提供相关资料。

第四十四条 企业不提供与其关联方之间业务往来资料，或者提供虚假、不完整资料，未能真实反映其关联业务往来情况的，税务机关有权依法核定其应纳税所得额。

第四十五条 由居民企业，或者由居民企业和中国居民控制的设立在实际税负明显低于本法第四条第一款规定税率水平的国家（地区）的企业，并非由于合理的经营需要而对利润不作分配或者减少分配的，上述利润中应归属于该居民企业的部分，应当计入该居民企业的当期收入。

第四十六条 企业从其关联方接受的债权性投资与权益性投资的比例超过规定标准而发生的利息支出，不得在计算应纳税所得额时扣除。

第四十七条 企业实施其他不具有合理商业目的的安排而减少其应纳税收入或者所得额的，税务机关有权按照合理方法调整。

第四十八条 税务机关依照本章规定作出纳税调整，需要补征税款的，应当补征税款，并按照国务院规定加收利息。

第七章 征收管理

第四十九条 企业所得税的征收管理除本法规定外，依照《中华人民共和国税收征收管理法》的规定执行。

第五十条 除税收法律、行政法规另有规定外，居民企业以企业登记注册地为纳税地点；但登记注册地在境外的，以实际管理机构所在地为纳税地点。

居民企业在中国境内设立不具有法人资格的营业机构的，应当汇总计算并缴纳企业所得税。

第五十一条 非居民企业取得本法第三条第二款规定的所得，以机构、场所所在地为纳税地点。非居民企业在中国境内设立两个或者两个以上机构、场所，符合国务院税务主管部门规定条件的，可以选择由其主要机构、场所汇总缴纳企业所得税。

非居民企业取得本法第三条第三款规定的所得，以扣缴义务人所在地为纳税地点。

第五十二条 除国务院另有规定外，企业之间不得合并缴纳企业所得税。

第五十三条 企业所得税按纳税年度计算。纳税年度自公历1月1日起至12月31日止。

企业在一个纳税年度中间开业，或者终止经营活动，使该纳税年度的实际经营期不足十二个月的，应当以其实际经营期为一个纳税年度。

企业依法清算时，应当以清算期间作为一个纳税年度。

第五十四条 企业所得税分月或者分季预缴。

企业应当自月份或者季度终了之日起十五日内，向税务机关报送预缴企业所得税纳税申报表，预缴税款。

企业应当自年度终了之日起五个月内，向税务机关报送年度企业所得税纳税申报表，并汇算清缴，结清应缴应退税款。

企业在报送企业所得税纳税申报表时，应当按照规定附送财务会计报告和其他有关资料。

第五十五条 企业在年度中间终止经营活动的，应当自实际经营终止之日起六十日内，向税务机关办理当期企业所得税汇算清缴。

企业应当在办理注销登记前，就其清算所得向税务机关申报并依法缴纳企业所得税。

第五十六条 依照本法缴纳的企业所得税，以人民币计算。所得以人民币以外的货币计算的，应当折合成人民币计算并缴纳税款。

第八章 附 则

第五十七条 本法公布前已经批准设立的企业，依照当时的税收法律、行政法规规定，享受低税率优惠的，按照国务院规定，可以在本法施行后五年内，逐步过渡到本法规定的税率；享受定期减免税优惠的，按照国务院规定，可以在本法施行后继续享受到期满为止，但因未获利而尚未享受优惠的，优惠期限从本法施行年度起计算。

法律设置的发展对外经济合作和技术交流的特定地区内，以及国务院已规定执行上述地区特殊政策的地区内新设立的国家需要重点扶持的高新技术企业，可以享受过渡性税收优惠，具体办法由国务院规定。

国家已确定的其他鼓励类企业，可以按照国务院规定享受减免税优惠。

第五十八条 中华人民共和国政府同外国政府订立的有关税收的协定与本法有不同规定的，依照协定的规定办理。

第五十九条 国务院根据本法制定实施条例。

第六十条 本法自2008年1月1日起施行。1991年4月9日第七届全国人民代表大会第四次会议通过的《中华人民共和国外商投资企业和外国企业所得税法》和1993年12月13日国务院发布的《中华人民共和国企业所得税暂行条例》同时废止。

❖ 典型案例 ❖

浙江嘉兴桐乡法院上线"活查封"管理应用，实现动产保全"数智化"[①]

【具体举措】

浙江省嘉兴市桐乡市人民法院创新运用5G+AI+LBS+区块链技术，实现动产"活查封""数智化"。具体做法是，法院在保管场地

① 参见《人民法院助推民营经济高质量发展典型民商事案例》之案例8，载最高人民法院网站，https：//www. court. gov. cn/zixun/xiangqing/320231. html，2025年4月30日访问。

安装视频监控设备取代传统的封条查封，确保查封设备可正常使用，生产经营“不中断”运行。同时，5G 网络实现了图像、视频的回传和留存，法官在手机端即可查看动产状态。监测区域内使用移动通信基站 LBS 定位技术，当设备位置发生改变时，系统即时发出预警，避免保全财产被恶意转移。运用区块链技术，对区域内的机器设备数量、位置、外观进行图像固化并上传链接，将整个保全过程同步摄录并上传至“云上物证室”，确保保全数据可信任可追溯、保全行为规范可信。

【典型意义】

随着智慧法院建设的深入推进，近年来各级法院越来越重视将技术创新与司法审判深度融合，善意文明执法，彰显司法温度。作为传统执行手段之一，“活查封”的保全方式既保障了原告的诉讼权利，又保住了被告企业的造血功能，避免了因保全措施影响生产经营而加剧原、被告之间矛盾。但“活查封”也存在财产容易被转移和价值贬损的弊端风险，实践中法院使用“活查封”比较慎重。新的“数智化”动产“活查封”保全，相较于传统的贴封条、派监管的动产保全方式，更为高效、可靠，对被保全企业的生产、商誉各方面影响更小。“活查封”运用“数智化”手段，最大限度体现了执行善意，减少了保全查封对公司正常经营的影响。

七 权益保护

中华人民共和国民法典（节录）

（2020 年 5 月 28 日第十三届全国人民代表大会第三次会议通过　2020 年 5 月 28 日中华人民共和国主席令第 45 号公布　自 2021 年 1 月 1 日起施行）

……

第九百九十一条　【人格权受法律保护】民事主体的人格权受法律保护，任何组织或者个人不得侵害。

……

第九百九十三条　【人格利益的许可使用】民事主体可以将自己的姓名、名称、肖像等许可他人使用，但是依照法律规定或者根据其性质不得许可的除外。

……

第九百九十五条　【人格权保护的请求权】人格权受到侵害的，受害人有权依照本法和其他法律的规定请求行为人承担民事责任。受害人的停止侵害、排除妨碍、消除危险、消除影响、恢复名誉、赔礼道歉请求权，不适用诉讼时效的规定。

……

第一千零一十三条　【名称权】法人、非法人组织享有名称权，有权依法决定、使用、变更、转让或者许可他人使用自己的名称。

第一千零一十四条　【禁止侵害他人的姓名或名称】任何组织

或者个人不得以干涉、盗用、假冒等方式侵害他人的姓名权或者名称权。

……

第一千零一十六条 【决定、变更姓名、名称及转让名称的规定】 自然人决定、变更姓名，或者法人、非法人组织决定、变更、转让名称的，应当依法向有关机关办理登记手续，但是法律另有规定的除外。

民事主体变更姓名、名称的，变更前实施的民事法律行为对其具有法律约束力。

……

第一千零二十四条 【名誉权及名誉】 民事主体享有名誉权。任何组织或者个人不得以侮辱、诽谤等方式侵害他人的名誉权。

名誉是对民事主体的品德、声望、才能、信用等的社会评价。

……

第一千零二十八条 【名誉权人更正权】 民事主体有证据证明报刊、网络等媒体报道的内容失实，侵害其名誉权的，有权请求该媒体及时采取更正或者删除等必要措施。

第一千零二十九条 【信用评价】 民事主体可以依法查询自己的信用评价；发现信用评价不当的，有权提出异议并请求采取更正、删除等必要措施。信用评价人应当及时核查，经核查属实的，应当及时采取必要措施。

……

保障中小企业款项支付条例

（2020年7月5日中华人民共和国国务院令第728号公布　2025年3月17日中华人民共和国国务院令第802号修订）

第一章　总　　则

第一条　为了促进机关、事业单位和大型企业及时支付中小企业款项，维护中小企业合法权益，优化营商环境，根据《中华人民共和国中小企业促进法》等法律，制定本条例。

第二条　机关、事业单位和大型企业采购货物、工程、服务支付中小企业款项，应当遵守本条例。

第三条　本条例所称中小企业，是指在中华人民共和国境内依法设立，依据国务院批准的中小企业划分标准确定的中型企业、小型企业和微型企业；所称大型企业，是指中小企业以外的企业。

中小企业、大型企业依合同订立时的企业规模类型确定。中小企业与机关、事业单位、大型企业订立合同时，应当主动告知其属于中小企业。

第四条　保障中小企业款项支付工作，应当贯彻落实党和国家的路线方针政策、决策部署，坚持支付主体负责、行业规范自律、政府依法监管、社会协同监督的原则，依法防范和治理拖欠中小企业款项问题。

第五条　国务院负责中小企业促进工作综合管理的部门对保障中小企业款项支付工作进行综合协调、监督检查。国务院发展改革、财政、住房城乡建设、交通运输、水利、金融管理、国有资产监管、市场监督管理等有关部门应当按照职责分工，负责保障中小企业款项支付相关工作。

省、自治区、直辖市人民政府对本行政区域内保障中小企业款项支付工作负总责，加强组织领导、统筹协调，健全制度机制。县级以上地方人民政府负责本行政区域内保障中小企业款项支付的管理工作。

县级以上地方人民政府负责中小企业促进工作综合管理的部门和发展改革、财政、住房城乡建设、交通运输、水利、金融管理、国有资产监管、市场监督管理等有关部门应当按照职责分工，负责保障中小企业款项支付相关工作。

第六条 有关行业协会商会应当按照法律法规和组织章程，加强行业自律管理，规范引导本行业大型企业履行及时支付中小企业款项义务、不得利用优势地位拖欠中小企业款项，为中小企业提供信息咨询、权益保护、纠纷处理等方面的服务，保护中小企业合法权益。

鼓励大型企业公开承诺向中小企业采购货物、工程、服务的付款期限与方式。

第七条 机关、事业单位和大型企业不得要求中小企业接受不合理的付款期限、方式、条件和违约责任等交易条件，不得拖欠中小企业的货物、工程、服务款项。

中小企业应当依法经营，诚实守信，按照合同约定提供合格的货物、工程和服务。

第二章 款项支付规定

第八条 机关、事业单位使用财政资金从中小企业采购货物、工程、服务，应当严格按照批准的预算执行，不得无预算、超预算开展采购。

政府投资项目所需资金应当按照国家有关规定确保落实到位，不得由施工单位垫资建设。

第九条 机关、事业单位从中小企业采购货物、工程、服务，应当自货物、工程、服务交付之日起30日内支付款项；合同另有约定的，从其约定，但付款期限最长不得超过60日。

大型企业从中小企业采购货物、工程、服务，应当自货物、工程、服务交付之日起60日内支付款项；合同另有约定的，从其约定，但应当按照行业规范、交易习惯合理约定付款期限并及时支付款项，不得约定以收到第三方付款作为向中小企业支付款项的条件或者按照第三方付款进度比例支付中小企业款项。

法律、行政法规或者国家有关规定对本条第一款、第二款付款期限另有规定的，从其规定。

合同约定采取履行进度结算、定期结算等结算方式的，付款期限应当自双方确认结算金额之日起算。

第十条 机关、事业单位和大型企业与中小企业约定以货物、工程、服务交付后经检验或者验收合格作为支付中小企业款项条件的，付款期限应当自检验或者验收合格之日起算。

合同双方应当在合同中约定明确、合理的检验或者验收期限，并在该期限内完成检验或者验收，法律、行政法规或者国家有关规定对检验或者验收期限另有规定的，从其规定。机关、事业单位和大型企业拖延检验或者验收的，付款期限自约定的检验或者验收期限届满之日起算。

第十一条 机关、事业单位和大型企业使用商业汇票、应收账款电子凭证等非现金支付方式支付中小企业款项的，应当在合同中作出明确、合理约定，不得强制中小企业接受商业汇票、应收账款电子凭证等非现金支付方式，不得利用商业汇票、应收账款电子凭证等非现金支付方式变相延长付款期限。

第十二条 机关、事业单位和国有大型企业不得强制要求以审计机关的审计结果作为结算依据，法律、行政法规另有规定的除外。

第十三条 除依法设立的投标保证金、履约保证金、工程质量保证金、农民工工资保证金外，工程建设中不得以任何形式收取其他保证金。保证金的收取比例、方式应当符合法律、行政法规和国家有关规定。

机关、事业单位和大型企业不得将保证金限定为现金。中小企业以金融机构出具的保函等提供保证的，机关、事业单位和大型企业应当接受。

机关、事业单位和大型企业应当依法或者按照合同约定，在保证期限届满后及时与中小企业对收取的保证金进行核算并退还。

第十四条 机关、事业单位和大型企业不得以法定代表人或者主要负责人变更，履行内部付款流程，或者在合同未作约定的情况下以等待竣工验收备案、决算审计等为由，拒绝或者迟延支付中小企业款项。

第十五条 机关、事业单位和大型企业与中小企业的交易，部分存在争议但不影响其他部分履行的，对于无争议部分应当履行及时付款义务。

第十六条 鼓励、引导、支持商业银行等金融机构增加对中小企业的信贷投放，降低中小企业综合融资成本，为中小企业以应收账款、知识产权、政府采购合同、存货、机器设备等为担保品的融资提供便利。

中小企业以应收账款融资的，机关、事业单位和大型企业应当自中小企业提出确权请求之日起30日内确认债权债务关系，支持中小企业融资。

第十七条 机关、事业单位和大型企业迟延支付中小企业款项的，应当支付逾期利息。双方对逾期利息的利率有约定的，约定利率不得低于合同订立时1年期贷款市场报价利率；未作约定的，按照每日利率万分之五支付逾期利息。

第十八条 机关、事业单位应当于每年3月31日前将上一年度逾期尚未支付中小企业款项的合同数量、金额等信息通过网站、报刊等便于公众知晓的方式公开。

大型企业应当将逾期尚未支付中小企业款项的合同数量、金额等信息纳入企业年度报告，依法通过国家企业信用信息公示系统向社会公示。

第十九条 大型企业应当将保障中小企业款项支付工作情况，纳入企业风险控制与合规管理体系，并督促其全资或者控股子公司及时支付中小企业款项。

第二十条 机关、事业单位和大型企业及其工作人员不得以任何形式对提出付款请求或者投诉的中小企业及其工作人员进行恐吓、打击报复。

第三章 监督管理

第二十一条 县级以上人民政府及其有关部门通过监督检查、函询约谈、督办通报、投诉处理等措施，加大对机关、事业单位和大型企业拖欠中小企业款项的清理力度。

第二十二条 县级以上地方人民政府部门应当每年定期将上一年度逾期尚未支付中小企业款项情况按程序报告本级人民政府。事业单位、国有大型企业应当每年定期将上一年度逾期尚未支付中小企业款项情况按程序报其主管部门或者监管部门。

县级以上地方人民政府应当每年定期听取本行政区域内保障中小企业款项支付工作汇报，加强督促指导，研究解决突出问题。

第二十三条 省级以上人民政府建立督查制度，对保障中小企业款项支付工作进行监督检查，对政策落实不到位、工作推进不力的部门和地方人民政府主要负责人进行约谈。

县级以上人民政府负责中小企业促进工作综合管理的部门对拖欠中小企业款项的机关、事业单位和大型企业，可以进行函询约谈，对情节严重的，予以督办通报，必要时可以会同拖欠单位上级机关、行业主管部门、监管部门联合进行。

第二十四条 省级以上人民政府负责中小企业促进工作综合管

理的部门（以下统称受理投诉部门）应当建立便利畅通的渠道，受理对机关、事业单位和大型企业拖欠中小企业款项的投诉。

国务院负责中小企业促进工作综合管理的部门建立国家统一的拖欠中小企业款项投诉平台，加强投诉处理机制建设，与相关部门、地方人民政府信息共享、协同配合。

第二十五条 受理投诉部门应当按照“属地管理、分级负责，谁主管谁负责、谁监管谁负责”的原则，自正式受理之日起10个工作日内，按程序将投诉转交有关部门或者地方人民政府指定的部门（以下统称处理投诉部门）处理。

处理投诉部门应当自收到投诉材料之日起30日内形成处理结果，以书面形式反馈投诉人，并反馈受理投诉部门。情况复杂或者有其他特殊原因的，经部门负责人批准，可适当延长，但处理期限最长不得超过90日。

被投诉人应当配合处理投诉部门工作。处理投诉部门应当督促被投诉人及时反馈情况。被投诉人未及时反馈或者未按规定反馈的，处理投诉部门应当向其发出督办书；收到督办书仍拒不配合的，处理投诉部门可以约谈、通报被投诉人，并责令整改。

投诉人应当与被投诉人存在合同关系，不得虚假、恶意投诉。

受理投诉部门和处理投诉部门的工作人员，对在履行职责中获悉的国家秘密、商业秘密和个人信息负有保密义务。

第二十六条 机关、事业单位和大型企业拖欠中小企业款项依法依规被认定为失信的，受理投诉部门和有关部门按程序将有关失信情况记入相关主体信用记录。情节严重或者造成严重不良社会影响的，将相关信息纳入全国信用信息共享平台和国家企业信用信息公示系统，向社会公示；对机关、事业单位在公务消费、办公用房、经费安排等方面采取必要的限制措施，对大型企业在财政资金支持、投资项目审批、融资获取、市场准入、资质评定、评优评先等方面依法依规予以限制。

第二十七条 审计机关依法对机关、事业单位和国有大型企业支付中小企业款项情况实施审计监督。

第二十八条 国家依法开展中小企业发展环境评估和营商环境评价时，应当将保障中小企业款项支付工作情况纳入评估和评价内容。

第二十九条 国务院负责中小企业促进工作综合管理的部门依据国务院批准的中小企业划分标准，建立企业规模类型测试平台，提供中小企业规模类型自测服务。

对中小企业规模类型有争议的，可以向主张为中小企业一方所在地的县级以上地方人民政府负责中小企业促进工作综合管理的部门申请认定。人力资源社会保障、市场监督管理、统计等相关部门应当应认定部门的请求，提供必要的协助。

第三十条 国家鼓励法律服务机构为与机关、事业单位和大型企业存在支付纠纷的中小企业提供公益法律服务。

新闻媒体应当开展对保障中小企业款项支付相关法律法规政策的公益宣传，依法加强对机关、事业单位和大型企业拖欠中小企业款项行为的舆论监督。

第四章 法律责任

第三十一条 机关、事业单位违反本条例，有下列情形之一的，由其上级机关、主管部门责令改正；拒不改正的，对负有责任的领导人员和直接责任人员依法给予处分：

（一）未在规定的期限内支付中小企业货物、工程、服务款项；

（二）拖延检验、验收；

（三）强制中小企业接受商业汇票、应收账款电子凭证等非现金支付方式，或者利用商业汇票、应收账款电子凭证等非现金支付方式变相延长付款期限；

（四）没有法律、行政法规依据，要求以审计机关的审计结果作为结算依据；

（五）违法收取保证金，拒绝接受中小企业以金融机构出具的保函等提供保证，或者不及时与中小企业对保证金进行核算并退还；

（六）以法定代表人或者主要负责人变更，履行内部付款流程，或者在合同未作约定的情况下以等待竣工验收备案、决算审计等为由，拒绝或者迟延支付中小企业款项；

（七）未按照规定公开逾期尚未支付中小企业款项信息。

第三十二条 机关、事业单位有下列情形之一的，依法追究责任：

（一）使用财政资金从中小企业采购货物、工程、服务，未按照批准的预算执行；

（二）要求施工单位对政府投资项目垫资建设。

第三十三条 国有大型企业拖欠中小企业款项，造成不良后果或者影响的，对负有责任的国有企业管理人员依法给予处分。

国有大型企业没有法律、行政法规依据，要求以审计机关的审计结果作为结算依据的，由其监管部门责令改正；拒不改正的，对负有责任的国有企业管理人员依法给予处分。

第三十四条 大型企业违反本条例，未按照规定在企业年度报告中公示逾期尚未支付中小企业款项信息或者隐瞒真实情况、弄虚作假的，由市场监督管理部门依法处理。

第三十五条 机关、事业单位和大型企业及其工作人员对提出付款请求或者投诉的中小企业及其工作人员进行恐吓、打击报复，或者有其他滥用职权、玩忽职守、徇私舞弊行为的，对负有责任的领导人员和直接责任人员依法给予处分或者处罚；构成犯罪的，依法追究刑事责任。

第五章 附 则

第三十六条 部分或者全部使用财政资金的团体组织采购货物、工程、服务支付中小企业款项，参照本条例对机关、事业单位的有关规定执行。

军队采购货物、工程、服务支付中小企业款项，按照军队的有关规定执行。

第三十七条 本条例自2025年6月1日起施行。

❖ 典型案例 ❖

北京、江苏、浙江、广东等地法院与工商联建立民营企业产权保护社会化服务体系[①]

【具体举措】

江苏省高级人民法院2020年与江苏省工商联签订服务保障民营经济健康发展协作机制的框架协议，持续加大商会商事调解工作推进力度，吸纳更多的商事领域有经验、有威望的商会领导、民营企业家参与商事调解，鼓励各地积极争取党委、政府经费支持，拓宽商会组织调解经费来源，切实提高经费保障水平。

广州互联网法院推广“枫桥E站”解纷站点，创新发展新时代在线诉源治理、多元解纷模式。推动企业建立结合企业自身特点的智能合约自动履行解决方案，探索建立将当事人的履约行为与本企业所设信用评价体系挂钩的机制，完善互联网诉源治理体系。

北京市石景山区人民法院充分发挥区工商联桥梁纽带作用，共同开展产权司法保护调研及法治宣传，建立定期信息共享、案例通报及会商长效机制，畅通与民营企业家联系渠道，推动民营企业产

① 参见《人民法院助推民营经济高质量发展典型民商事案例》之案例10，载最高人民法院网站，https：//www.court.gov.cn/zixun/xiangqing/320231.html，2025年4月30日访问。

权保护形成整体合力。

浙江省嘉兴市南湖区人民法院与区工商联调委会组建优秀企业家在内的调解队伍，入驻县级社会矛盾调解中心，法院加强业务指导，通过平台对接直接指导调解员开展线下调解，构建“线下调解+线上确认”工作新模式，提供“一站式”服务。

【典型意义】

工商联所属商会是以非公有制企业和非公有制经济人士为主体，由工商联作为业务主管单位的社会组织。按照中共中央《关于促进工商联所属商会改革和发展的实施意见》，商会要继续完善职能作用、创新经济服务工作、强化守法诚信和社会责任，加大商会商事调解工作力度，是深化商会改革和发展的一项重要举措。典型案例选取了江苏高院、广州互联网法院、北京市石景山区法院、浙江嘉兴南湖区法院四个典型。

江苏全省现已设立商会调解组织 332 个，聘用调解人员 1528 名，调解力量不断壮大。全省各类商会调解组织共有效化解商事纠纷 3757 件，化解标的金额 10.27 亿元。

广州互联网法院 2021 年在阿里巴巴、百度、腾讯等互联网平台之外，另在网易、字节跳动、唯品会、蚂蚁金服等平台增设“枫桥 E 站”4 个，调解互联网民营经济领域纠纷 9236 件。

2020 年 6 月到 2021 年 6 月，北京市石景山区法院民营企业产权保护调解室已成功调解涉区工商联所属商会会员企业产权矛盾 165 件，平均调解时长 28 天。

自 2020 年 6 月嘉兴市南湖区工商联调委会成立以来，共调处案件 904 件，调解成功 574 件，调解成功率 63.4%，涉案标的近 1.6 亿元，调解成功标的近 1.5 亿元，为企业节约诉讼成本超过 100 万元。

从高院、中院到基层法院，人民法院与工商联建立民营企业产权保护社会化服务体系，均收到了良好的效果，对促进矛盾纠纷化解、民营经济保护起到了非常积极的作用。

八 法律责任

中华人民共和国行政处罚法（节录）

（1996年3月17日第八届全国人民代表大会第四次会议通过　根据2009年8月27日第十一届全国人民代表大会常务委员会第十次会议《关于修改部分法律的决定》第一次修正　根据2017年9月1日第十二届全国人民代表大会常务委员会第二十九次会议《关于修改〈中华人民共和国法官法〉等八部法律的决定》第二次修正　2021年1月22日第十三届全国人民代表大会常务委员会第二十五次会议修订　2021年1月22日中华人民共和国主席令第70号公布　自2021年7月15日起施行）

……

第二章　行政处罚的种类和设定

第九条　【处罚的种类】行政处罚的种类：

（一）警告、通报批评；

（二）罚款、没收违法所得、没收非法财物；

（三）暂扣许可证件、降低资质等级、吊销许可证件；

（四）限制开展生产经营活动、责令停产停业、责令关闭、限制从业；

（五）行政拘留；

(六) 法律、行政法规规定的其他行政处罚。

第十条 【法律对处罚的设定】法律可以设定各种行政处罚。

限制人身自由的行政处罚，只能由法律设定。

第十一条 【行政法规对处罚的设定】行政法规可以设定除限制人身自由以外的行政处罚。

法律对违法行为已经作出行政处罚规定，行政法规需要作出具体规定的，必须在法律规定的给予行政处罚的行为、种类和幅度的范围内规定。

法律对违法行为未作出行政处罚规定，行政法规为实施法律，可以补充设定行政处罚。拟补充设定行政处罚的，应当通过听证会、论证会等形式广泛听取意见，并向制定机关作出书面说明。行政法规报送备案时，应当说明补充设定行政处罚的情况。

第十二条 【地方性法规对处罚的设定】地方性法规可以设定除限制人身自由、吊销营业执照以外的行政处罚。

法律、行政法规对违法行为已经作出行政处罚规定，地方性法规需要作出具体规定的，必须在法律、行政法规规定的给予行政处罚的行为、种类和幅度的范围内规定。

法律、行政法规对违法行为未作出行政处罚规定，地方性法规为实施法律、行政法规，可以补充设定行政处罚。拟补充设定行政处罚的，应当通过听证会、论证会等形式广泛听取意见，并向制定机关作出书面说明。地方性法规报送备案时，应当说明补充设定行政处罚的情况。

第十三条 【国务院部门规章对处罚的设定】国务院部门规章可以在法律、行政法规规定的给予行政处罚的行为、种类和幅度的范围内作出具体规定。

尚未制定法律、行政法规的，国务院部门规章对违反行政管理秩序的行为，可以设定警告、通报批评或者一定数额罚款的行政处罚。罚款的限额由国务院规定。

第十四条　【地方政府规章对处罚的设定】地方政府规章可以在法律、法规规定的给予行政处罚的行为、种类和幅度的范围内作出具体规定。

尚未制定法律、法规的，地方政府规章对违反行政管理秩序的行为，可以设定警告、通报批评或者一定数额罚款的行政处罚。罚款的限额由省、自治区、直辖市人民代表大会常务委员会规定。

第十五条　【对行政处罚定期评估】国务院部门和省、自治区、直辖市人民政府及其有关部门应当定期组织评估行政处罚的实施情况和必要性，对不适当的行政处罚事项及种类、罚款数额等，应当提出修改或者废止的建议。

第十六条　【其他规范性文件不得设定处罚】除法律、法规、规章外，其他规范性文件不得设定行政处罚。

……

第五章　行政处罚的决定

第一节　一般规定

第三十九条　【信息公示】行政处罚的实施机关、立案依据、实施程序和救济渠道等信息应当公示。

第四十条　【处罚的前提】公民、法人或者其他组织违反行政管理秩序的行为，依法应当给予行政处罚的，行政机关必须查明事实；违法事实不清、证据不足的，不得给予行政处罚。

第四十一条　【信息化手段的运用】行政机关依照法律、行政法规规定利用电子技术监控设备收集、固定违法事实的，应当经过法制和技术审核，确保电子技术监控设备符合标准、设置合理、标志明显，设置地点应当向社会公布。

电子技术监控设备记录违法事实应当真实、清晰、完整、准确。

行政机关应当审核记录内容是否符合要求；未经审核或者经审核不符合要求的，不得作为行政处罚的证据。

行政机关应当及时告知当事人违法事实，并采取信息化手段或者其他措施，为当事人查询、陈述和申辩提供便利。不得限制或者变相限制当事人享有的陈述权、申辩权。

第四十二条　【执法人员要求】 行政处罚应当由具有行政执法资格的执法人员实施。执法人员不得少于两人，法律另有规定的除外。

执法人员应当文明执法，尊重和保护当事人合法权益。

第四十三条　【回避】 执法人员与案件有直接利害关系或者有其他关系可能影响公正执法的，应当回避。

当事人认为执法人员与案件有直接利害关系或者有其他关系可能影响公正执法的，有权申请回避。

当事人提出回避申请的，行政机关应当依法审查，由行政机关负责人决定。决定作出之前，不停止调查。

第四十四条　【告知义务】 行政机关在作出行政处罚决定之前，应当告知当事人拟作出的行政处罚内容及事实、理由、依据，并告知当事人依法享有的陈述、申辩、要求听证等权利。

第四十五条　【当事人的陈述权和申辩权】 当事人有权进行陈述和申辩。行政机关必须充分听取当事人的意见，对当事人提出的事实、理由和证据，应当进行复核；当事人提出的事实、理由或者证据成立的，行政机关应当采纳。

行政机关不得因当事人陈述、申辩而给予更重的处罚。

第四十六条　【证据】 证据包括：

（一）书证；

（二）物证；

（三）视听资料；

（四）电子数据；

（五）证人证言；

（六）当事人的陈述；

（七）鉴定意见；

（八）勘验笔录、现场笔录。

证据必须经查证属实，方可作为认定案件事实的根据。

以非法手段取得的证据，不得作为认定案件事实的根据。

第四十七条　【执法全过程记录制度】行政机关应当依法以文字、音像等形式，对行政处罚的启动、调查取证、审核、决定、送达、执行等进行全过程记录，归档保存。

第四十八条　【行政处罚决定公示制度】具有一定社会影响的行政处罚决定应当依法公开。

公开的行政处罚决定被依法变更、撤销、确认违法或者确认无效的，行政机关应当在三日内撤回行政处罚决定信息并公开说明理由。

第四十九条　【应急处罚】发生重大传染病疫情等突发事件，为了控制、减轻和消除突发事件引起的社会危害，行政机关对违反突发事件应对措施的行为，依法快速、从重处罚。

第五十条　【保密义务】行政机关及其工作人员对实施行政处罚过程中知悉的国家秘密、商业秘密或者个人隐私，应当依法予以保密。

第二节　简 易 程 序

第五十一条　【当场处罚的情形】违法事实确凿并有法定依据，对公民处以二百元以下、对法人或者其他组织处以三千元以下罚款或者警告的行政处罚的，可以当场作出行政处罚决定。法律另有规定的，从其规定。

第五十二条　【当场处罚的程序】执法人员当场作出行政处罚决定的，应当向当事人出示执法证件，填写预定格式、编有号码的行政处罚决定书，并当场交付当事人。当事人拒绝签收的，应当在行政处罚决定书上注明。

前款规定的行政处罚决定书应当载明当事人的违法行为，行政处罚的种类和依据、罚款数额、时间、地点，申请行政复议、提起行政诉讼的途径和期限以及行政机关名称，并由执法人员签名或者盖章。

执法人员当场作出的行政处罚决定，应当报所属行政机关备案。

第五十三条 【当场处罚的履行】对当场作出的行政处罚决定，当事人应当依照本法第六十七条至第六十九条的规定履行。

第三节 普通程序

第五十四条 【调查取证与立案】除本法第五十一条规定的可以当场作出的行政处罚外，行政机关发现公民、法人或者其他组织有依法应当给予行政处罚的行为的，必须全面、客观、公正地调查，收集有关证据；必要时，依照法律、法规的规定，可以进行检查。

符合立案标准的，行政机关应当及时立案。

第五十五条 【出示证件与协助调查】执法人员在调查或者进行检查时，应当主动向当事人或者有关人员出示执法证件。当事人或者有关人员有权要求执法人员出示执法证件。执法人员不出示执法证件的，当事人或者有关人员有权拒绝接受调查或者检查。

当事人或者有关人员应当如实回答询问，并协助调查或者检查，不得拒绝或者阻挠。询问或者检查应当制作笔录。

第五十六条 【证据的收集原则】行政机关在收集证据时，可以采取抽样取证的方法；在证据可能灭失或者以后难以取得的情况下，经行政机关负责人批准，可以先行登记保存，并应当在七日内及时作出处理决定，在此期间，当事人或者有关人员不得销毁或者转移证据。

第五十七条　【处罚决定】调查终结，行政机关负责人应当对调查结果进行审查，根据不同情况，分别作出如下决定：

（一）确有应受行政处罚的违法行为的，根据情节轻重及具体情况，作出行政处罚决定；

（二）违法行为轻微，依法可以不予行政处罚的，不予行政处罚；

（三）违法事实不能成立的，不予行政处罚；

（四）违法行为涉嫌犯罪的，移送司法机关。

对情节复杂或者重大违法行为给予行政处罚，行政机关负责人应当集体讨论决定。

第五十八条　【法制审核】有下列情形之一，在行政机关负责人作出行政处罚的决定之前，应当由从事行政处罚决定法制审核的人员进行法制审核；未经法制审核或者审核未通过的，不得作出决定：

（一）涉及重大公共利益的；

（二）直接关系当事人或者第三人重大权益，经过听证程序的；

（三）案件情况疑难复杂、涉及多个法律关系的；

（四）法律、法规规定应当进行法制审核的其他情形。

行政机关中初次从事行政处罚决定法制审核的人员，应当通过国家统一法律职业资格考试取得法律职业资格。

第五十九条　【行政处罚决定书的内容】行政机关依照本法第五十七条的规定给予行政处罚，应当制作行政处罚决定书。行政处罚决定书应当载明下列事项：

（一）当事人的姓名或者名称、地址；

（二）违反法律、法规、规章的事实和证据；

（三）行政处罚的种类和依据；

（四）行政处罚的履行方式和期限；

（五）申请行政复议、提起行政诉讼的途径和期限；

（六）作出行政处罚决定的行政机关名称和作出决定的日期。

行政处罚决定书必须盖有作出行政处罚决定的行政机关的印章。

第六十条　【决定期限】行政机关应当自行政处罚案件立案之日起九十日内作出行政处罚决定。法律、法规、规章另有规定的，从其规定。

第六十一条　【送达】行政处罚决定书应当在宣告后当场交付当事人；当事人不在场的，行政机关应当在七日内依照《中华人民共和国民事诉讼法》的有关规定，将行政处罚决定书送达当事人。

当事人同意并签订确认书的，行政机关可以采用传真、电子邮件等方式，将行政处罚决定书等送达当事人。

第六十二条　【处罚的成立条件】行政机关及其执法人员在作出行政处罚决定之前，未依照本法第四十四条、第四十五条的规定向当事人告知拟作出的行政处罚内容及事实、理由、依据，或者拒绝听取当事人的陈述、申辩，不得作出行政处罚决定；当事人明确放弃陈述或者申辩权利的除外。

第四节　听证程序

第六十三条　【听证权】行政机关拟作出下列行政处罚决定，应当告知当事人有要求听证的权利，当事人要求听证的，行政机关应当组织听证：

（一）较大数额罚款；

（二）没收较大数额违法所得、没收较大价值非法财物；

（三）降低资质等级、吊销许可证件；

（四）责令停产停业、责令关闭、限制从业；

（五）其他较重的行政处罚；

（六）法律、法规、规章规定的其他情形。

当事人不承担行政机关组织听证的费用。

第六十四条　【听证程序】 听证应当依照以下程序组织：

（一）当事人要求听证的，应当在行政机关告知后五日内提出；

（二）行政机关应当在举行听证的七日前，通知当事人及有关人员听证的时间、地点；

（三）除涉及国家秘密、商业秘密或者个人隐私依法予以保密外，听证公开举行；

（四）听证由行政机关指定的非本案调查人员主持；当事人认为主持人与本案有直接利害关系的，有权申请回避；

（五）当事人可以亲自参加听证，也可以委托一至二人代理；

（六）当事人及其代理人无正当理由拒不出席听证或者未经许可中途退出听证的，视为放弃听证权利，行政机关终止听证；

（七）举行听证时，调查人员提出当事人违法的事实、证据和行政处罚建议，当事人进行申辩和质证；

（八）听证应当制作笔录。笔录应当交当事人或者其代理人核对无误后签字或者盖章。当事人或者其代理人拒绝签字或者盖章的，由听证主持人在笔录中注明。

第六十五条　【听证笔录】 听证结束后，行政机关应当根据听证笔录，依照本法第五十七条的规定，作出决定。

第六章　行政处罚的执行

第六十六条　【履行义务及分期履行】 行政处罚决定依法作出后，当事人应当在行政处罚决定书载明的期限内，予以履行。

当事人确有经济困难，需要延期或者分期缴纳罚款的，经当事人申请和行政机关批准，可以暂缓或者分期缴纳。

第六十七条　【罚缴分离原则】 作出罚款决定的行政机关应当与收缴罚款的机构分离。

除依照本法第六十八条、第六十九条的规定当场收缴的罚款外，作出行政处罚决定的行政机关及其执法人员不得自行收缴罚款。

当事人应当自收到行政处罚决定书之日起十五日内，到指定的银行或者通过电子支付系统缴纳罚款。银行应当收受罚款，并将罚款直接上缴国库。

第六十八条　【当场收缴罚款范围】依照本法第五十一条的规定当场作出行政处罚决定，有下列情形之一，执法人员可以当场收缴罚款：

（一）依法给予一百元以下罚款的；

（二）不当场收缴事后难以执行的。

第六十九条　【边远地区当场收缴罚款】在边远、水上、交通不便地区，行政机关及其执法人员依照本法第五十一条、第五十七条的规定作出罚款决定后，当事人到指定的银行或者通过电子支付系统缴纳罚款确有困难，经当事人提出，行政机关及其执法人员可以当场收缴罚款。

第七十条　【罚款票据】行政机关及其执法人员当场收缴罚款的，必须向当事人出具国务院财政部门或者省、自治区、直辖市人民政府财政部门统一制发的专用票据；不出具财政部门统一制发的专用票据的，当事人有权拒绝缴纳罚款。

第七十一条　【罚款交纳期】执法人员当场收缴的罚款，应当自收缴罚款之日起二日内，交至行政机关；在水上当场收缴的罚款，应当自抵岸之日起二日内交至行政机关；行政机关应当在二日内将罚款缴付指定的银行。

第七十二条　【执行措施】当事人逾期不履行行政处罚决定的，作出行政处罚决定的行政机关可以采取下列措施：

（一）到期不缴纳罚款的，每日按罚款数额的百分之三加处罚款，加处罚款的数额不得超出罚款的数额；

（二）根据法律规定，将查封、扣押的财物拍卖、依法处理或者将冻结的存款、汇款划拨抵缴罚款；

（三）根据法律规定，采取其他行政强制执行方式；

（四）依照《中华人民共和国行政强制法》的规定申请人民法院强制执行。

行政机关批准延期、分期缴纳罚款的，申请人民法院强制执行的期限，自暂缓或者分期缴纳罚款期限结束之日起计算。

第七十三条　【不停止执行及暂缓执行】当事人对行政处罚决定不服，申请行政复议或者提起行政诉讼的，行政处罚不停止执行，法律另有规定的除外。

当事人对限制人身自由的行政处罚决定不服，申请行政复议或者提起行政诉讼的，可以向作出决定的机关提出暂缓执行申请。符合法律规定情形的，应当暂缓执行。

当事人申请行政复议或者提起行政诉讼的，加处罚款的数额在行政复议或者行政诉讼期间不予计算。

第七十四条　【没收的非法财物的处理】除依法应当予以销毁的物品外，依法没收的非法财物必须按照国家规定公开拍卖或者按照国家有关规定处理。

罚款、没收的违法所得或者没收非法财物拍卖的款项，必须全部上缴国库，任何行政机关或者个人不得以任何形式截留、私分或者变相私分。

罚款、没收的违法所得或者没收非法财物拍卖的款项，不得同作出行政处罚决定的行政机关及其工作人员的考核、考评直接或者变相挂钩。除依法应当退还、退赔的外，财政部门不得以任何形式向作出行政处罚决定的行政机关返还罚款、没收的违法所得或者没收非法财物拍卖的款项。

第七十五条　【监督检查】行政机关应当建立健全对行政处罚的监督制度。县级以上人民政府应当定期组织开展行政执法评议、考核，加强对行政处罚的监督检查，规范和保障行政处罚的实施。

行政机关实施行政处罚应当接受社会监督。公民、法人或者其他组织对行政机关实施行政处罚的行为，有权申诉或者检举；行政机关应当认真审查，发现有错误的，应当主动改正。

……

图书在版编目（CIP）数据

民营经济促进法实用指南 / 法规应用研究中心编. 北京 ： 中国法治出版社，2025. 5. -- ISBN 978-7-5216-5250-5

Ⅰ. D922. 29-62

中国国家版本馆 CIP 数据核字第 2025LP9962 号

责任编辑：贺鹏娟　　封面设计：杨鑫宇

民营经济促进法实用指南

MINYING JINGJI CUJINFA SHIYONG ZHINAN

编者/法规应用研究中心

经销/新华书店

印刷/三河市国英印务有限公司

开本/880 毫米×1230 毫米　32 开　　印张/ 5　字数/ 103 千

版次/2025 年 5 月第 1 版　　2025 年 5 月第 1 次印刷

中国法治出版社出版

书号 ISBN 978-7-5216-5250-5　　定价：18.00 元

北京市西城区西便门西里甲 16 号西便门办公区

邮政编码：100053　　传真：010-63141600

网址：http：//www. zgfzs. com　　**编辑部电话：010-63141791**

市场营销部电话：010-63141612　　**印务部电话：010-63141606**

（如有印装质量问题，请与本社印务部联系。）